JN062634

障害者たちが生きる時代を問う

アソシエーション・コモン社会への展望

堀 利和 編著
HORI Toshikazu

社会評論社

障害か健常か　それが問題だ
差別　偏見　分断　排除
そういう障害者がいなくなったら
今度は　だれ？
怖い
障害者がいなくなったら
次はだれに？
私に！

でも
私は障害者ではない
それではだれを障害者に
それを決めるのはだれ　何
私は怖い
障害者がいなくなったら
今度はやっぱり
私かもしれない

歪んだこの世界に生きている限り
私は悟った
障害か健常か　それが問題だ

（障害ピアからのメッセージ）

障害者たちが生きる時代を問う――アソシエーション・コモン社会への展望　目次

〔III〕コモン社会とその展望

まえがき

社会が変われば「障害」の意味も変わる。福祉分野では以前対象者を「保護」と呼んでいたが、その後その関係を「支援」というように改めてきた。そして今、障害学では「社会モデル」「人権モデル」という認識に至っている。それはそれとして評価しつつも、しかし私はもっと本質的な視点から問いたい。「社会」とは、「時代」とは一体如何なるものなのか、その基礎的概念である。それが障害者を、人間を規定すると考えているからである。だからこそ、「社会変革」という対象にまでその実践を広げる必要があろう。単に障害者諸政策だけに限定しない。それが本書の要と考える。そのためにも、我々はどのような社会を展望するかである。

ノーマライゼーション、ユニバーサルデザイン、バリアフリー、インクルーシブといったカタカナの理念や概念が徐々に受け入れられようとも、特に政治や行政の側から強調されようとも、しかし私たちはすでに五〇年ほど前よりもっとも基本的な理念と実践、「共に」を訴え続けてきた。一九七三年には、イワン・イリイチは「共生」(convivial) を主張し、その後フランスや日本の学者たちの間でも、脱成長経済の「共生主義」(convivialism) が継承されている。つまり、ここで強調したいのは言葉ではなく、それを基礎付けている「土台」「時代」すなわち経済社会である。

私たちが主張してきた「共に」は言葉としては軽く聞こえるかもしれないが、そこに根付く思想は深い。単なる言葉ではない。「共に育ち、共に学び、共に働き、共に生きる」こと。この理念と思想は本質的課題、社会変革を伴うものであるといえる。それを振り返りながら、やはり八〇年代からの自立生活（ＩＬ）、自立生活センター（ＣＩＬ）の運動は大きく、その後も全国に広がっていった。

この考え方と運動は主にアメリカ、西洋、北欧などから日本に紹介されてきて、国際的にもネットワークが広がった。ところがこうしたネットワークの関係にはなぜか当時の社会主義圏の障害当事者たちはいなかった。運動は見えなかった。

きわめて個人的なことにはなるが、九〇年代初頭中国を三回訪問する機会を得て、この時紹介された鄧樸方氏と会議室で個人的に話す機会を得させていただいた。江沢民と握手をした時よりもうれしかったことを今でも覚えている。鄧樸方氏は鄧小平の息子で、北京大学生の時代に紅衛兵に二階の階段から突き落とされて、それで脊髄損傷で車いすになった。当時鄧樸方氏は全国障害者協議会の会長をしていたが、共産党内ではあまり影響力がなかったように私は感じた。その後も個人的交流を重ねる中、私は鄧樸方氏に対し「日中国交障害者貿易機構」なるものを提案した。それで障害者事業所を運営している私の仲間三人で改めて北京と上海を訪問した。だが、計画は残念ながら実現しなかった。社会主義圏において私の障害当事者との出会いは鄧樸方氏だけだったのに。

だが、日本では欧米や北欧の障害者たちとの交流はますます盛んになるが、行政は後からついてきた。というのも、今だ特殊支援学校、入所施設、精神病院等は頑固に存続させている。長年続けてきている「共に」の理念を支え、本書でさらに強調したいのはそもそも論。鶏が先か、卵が先かはわからないが、「共に」を実現させた社会総体を創ろうという試みである。イタリア語ではアソシエ、ラテン語のソキオネ（仲間同士）、または「コモン」（共）の社会を、アソシエーション、コモン社会への展望を、根本からめざそうと願う。

「共に」の意義、それが本書だ。

以上の事柄はここ二〜三年に書いた雑誌等に掲載したものを取り上げつつ、そもそも私がなぜこのような政治社会運動に関わるようになったのか、という点からも書いてみた。

〔I〕運動の歩み、私の関わり

第1章　十代後半からの私の政治社会運動

幼稚園卒業後、小学校入学直前の三月末、私は現在でも難病指定になっているスティーブン・ジョンソン病（薬害）に罹り、二〇日間ほど四〇度以上の熱で意識不明となった。もちろん当時は医者にも何の病気かわからなかった。奇跡的にも命はとりとめたものの、このような全身病の結果いわば後遺症として角膜混濁の強度の弱視となってしまった。それでも退院後二学期から地元の清水小学校一年生に入学できた。

一番前の席に座っても黒板の字は見えず、教科書も読めず、ただ先生の話を聞くだけであった。四年生の時に、親、先生ともども校長室に呼ばれ、そこにいた静岡盲学校の先生と話し合いの結果、盲学校に転校することとなった。これを当時我々は「めくら狩り」と呼んでいた。

ともかく静岡鉄道の電車に乗り換えをしながら、五〇分程度の通学となった。

盲学校では、当時中学部を卒業すると試験を受けて高等部理療科・専攻科に入学して、ハリ・灸・あんまマッサージの試験を受けて三療師（今はあはき師）になる。我々にはこの職業しか殆どなかった。病院でのマッサージ師、治療院を開業または雇われるという具合であった。

戦後まもなくまで、我々は大人たちから「あんまさん」と呼ばれていた。その後、盲人、視覚障害者と呼ばれるように変わっていくのだが…。

おそらく全国に盲学校は七〇を超えてあったと思うが、皆小学部から理療・専攻科コースであった。唯一東京に一つ、東京教育大学附属盲学校高等部普通科があって、私は先生の勧めもあり、この普通科に入学することができた。その後教育大は廃学となり、現在の筑波大学となった。

私はたかが一五歳で一生を三療師に決められることに対して強く反発をもった。もちろん私は三療を医学として低く見ていたわけではなく、むしろ東洋医学は素晴らしいとも感じていた。だが我々にはその職業しかないということに、将来に見通しもないまま反発した。

附属盲は文京区雑司ヶ谷、現在の目白三丁目にあった。学校も寮も一つの狭い敷地の中、そこにほぼ全国から生徒は集まっていた。そして運動場はといえば、一周一〇〇メートルもなかったから、秋の運動会は同じ附属の大塚高校のグラウンドを借りて行っていた。

高等部の私は陸上部に入っていたが、三年生の頃ベトナム戦争、反戦運動が若者を中心に世界的にも盛んになり、それが私の六〇年代後半の青春時代を彩る。

運動会では仮装行列もあり、私はそれに陸上部としては「ベトコン」を提案した。そして頭にはボール紙の麦藁帽子、体操着、そして裸足。一〇数名の「ベトコン」スタイルができあがった。校長先生、来賓などがいるテント前まで行って、「襲撃しろ！」と叫び、テントの中の空き椅子などをひっくり返した。だが、その後もなんのおとがめはなかった。

先輩たちや仲間とともにベ平連に参加した。月に一度、清水谷公園で反戦集会とデモ行進が行われた。機動隊の盾が危ないからと、一個五〇〇円の安いヘルメットを買った。そのままの白いヘルメットではどこかのセクトと間違えられる可能性もあったため黒いペンキを塗ることとなった。思想的にもノンセクト、どちらかといえば我々はアナーキズムにも近い考えをもっていた。それは無政府主義という過激な政治行動を意味するものではなく、本来は「非支配・自主」の政治思想である。六〇年代後半、大学の知り合いの先輩からマルクスの本を読んだことがあるかと聞かれ、私は仲間とともに『経済学・哲学草稿』を初めて勉強し、その後『ヘーゲル法哲学批判』、さらにフォイエルバッハの唯物論にもふれた。そしてこの頃、梅本克己著『人間論』を読み、その後全集にも取り組んだ。また同時に経済学者の宇野弘蔵の著作にふれることもなった。

だが七〇年代前半も過ぎると、世界的にも次第にこうした反戦運動は下火になっていった。なぜか？

そこで私は、共産主義にも近いサルトルを読み始め、キリスト教徒の実存哲学者キルケゴール、しかしどうもという思いが事実で、ただデンマークに行った際には大学の門の近くのキルケゴールの銅像に頭を下げた。

そして今度はニーチェ全集に取り組んだのだが、最初はギリシャ哲学から始まっており、そこでともかく『ツァラトゥストラはかく語りき』をいきなり読むこととした。ムッソリーニがヒトラーにピエル山脈で会いニーチェ全集をプレゼントしたと聞く。そして次の挑戦はハイデッガーの『存在と時間』の上下を買い、しかし最初からさっぱりわからずあきらめたが、その後『形而上学とは何か』を読んで形而下との関係から少し理解ができたつもりだった。第二次世界大戦後、ハイデッガーはナチスに評価を与えたことを謝罪している。そして更にヤスパース哲学の勉強会にも参加する機会を得て、ヤスパースが神を「超越者」としていたことに興味を持ちながら学んだ。これらは一応私にとっての唯物論と観念論、すなわちマルクス学の検証でもあったといえる。デカルトの有名な「我思う、故に我在り」ではなく、唯物論は「我在り、故に我思う」ではなかろうか。

実存哲学は「観念の理念」、これに対し唯物論は「社会変革の理念」と結論づけることができた。

第2章　障害者運動の歩み

(1) 自己否定から自己肯定への希望

リボーンプロジェクト（就労移行支援）は当初より会社形式をもっており、それで週に一回しか来ない私が、会社の社長ではなく名誉職の会長という立場で、週一回の朝礼等に顔をだしているというのが現状です。長年の皆さんとのふれあいのなかから、先ず今回は「自己肯定感」について一言書きたいと思います。自己肯定感がいかに大事かということです。

リボーンプロジェクトに来るまでには、皆さんは大変な思い、苦難を強いられてきたと思います。「渡る世間は偏見ばかり」。

だから私としては、先ずリボーンプロジェクトでは自己肯定感を身につけることが第一と考えてきました。それが重要で、そこからしかすべては始まりません。それは人より優れた何かを自分が持っているということではなく、「人並」でよいのです。人並のことを一つ持てるようになれば、それが自信につながります。

それで、私が経験してきた五〇年近く前の障害者運動、七〇年代初頭のことをここに書いてみます。

それは重度脳性マヒ者の青い芝の会、特に神奈川青い芝の会のことです。七〇年に、障害をもった我が子を母親が殺害した事件です。たしかに、母親には社会的背景がそれなりにあったことも事実です。それで地域の住民や親の会などが減刑嘆願運動を始めたわけです。「障害児は殺されてもやむをえない」「母親に憐憫の情を」、ということを皆さんはどう思われますか？

これに対し、神奈川青い芝の会は徹底抗戦をします。減刑嘆願運動に対し、激しく反対運動を展開しました。自らの存在をそこに重ね合わせたからです。

この思想をまとめたのが、横田弘の『障害児殺しの思想』、横塚晃一の『母よ！殺すな』の書籍です。

そしてその後、全国青い芝の会をリードしていた神奈川青い芝の会、その中心的リーダーの一人であった横田弘が提案した「行動綱領」、七五年にそれは全国脳性マヒ者協会（青い芝の会）

の総会で採択されました。

実はこの「行動綱領」は私にとってのバイブルでもあります。歴史的にはそれが障害者にとっての「絶対否定から絶対肯定へ」の、殺される側の論理の主体形成の確立であったと言っても過言ではありません。私の解釈をより明確にするため、本文中に「健全者の」を書き添えて、その思想をわかりやすくしました。ちなみに、当時は健常者を「健全者」と表記していました。

〔行動綱領〕

われらは、自ら脳性マヒ者であることを自覚する。

われらは強烈な自己主張を行う。

われらは（健全者の）愛と正義を否定する。

われらは健全者文明を否定する。

われらは（健全者の）問題解決の路を選ばない。

(2) 世界に例のない日本の盲人史

前回は、七〇年代の青い芝の会のことを書きました。障害者の現代的主体形式の記録といってもよいと思います。

そこで今回は、広義の意味での障害当事者運動の歴史を紹介します。千年余を越える盲人の運動史です。したたかにあるいはずるがしこく、または賢明に生きてきた歴史、それは『古事記』からはじまります。といっても、それは屈辱的な登場となりました。

古代記紀の時代には、盲人を「めしい」とよび、物乞い生活をし、不吉なるものとされていました。『古事記』では、旅立ちにあたってあらかじめ「めしい」の不吉なるものたちに会わぬよう占いをたててから、旅立ったとされています。

◆奈良時代

琵琶も唐からこの頃に伝来し、盲人の琵琶法師、あるいは地神盲僧（ちしんもうそう）も、誕生しました。仏教寺院との関係も深く、奈良から平安時代にかけては、盲人は寺を中心に物乞い生活をしていました。

地神盲僧についていえば、比叡山延暦寺の地鎮祭に盲人が毒へビのいる草木をわけ入って、堂々おまいりをしたといいます。しかし、そのことが「盲へビに怖(おじ)ず」と言われ、知識がなかったり状況が判らないと無謀なことをする喩えとして差別用語となり、今は使われなくなりました。

◆平安時代

盲人と皇室の関係は、『今昔物語』に琵琶の名手である蝉丸が登場します。『大鏡』では「盲帝」として三条天皇の生活がえがかれています。『当道要集』には、仁明天皇の第四皇子に、人康(さねやす)親王がいました。二四歳で失明、出家して山科の里で、盲人たちに琵琶を教え、その親王の母によって天皇から盲人たちに、検校(けんぎょう)・勾当(こうとう)などの官位が与えられました。

◆鎌倉から室町時代へ

宮廷雅楽や仏教と結びついて、盲人が独占的に『平家物語』を琵琶で語りました。「耳なし芳一」を知っていますか？　室町時代は平家琵琶の黄金期。宮中の儀式でも琵琶演奏が行なわれ、宮廷や将軍家のお座敷にもよばれました。しかし彼らは、ほんの少数のエリートで、大多数の盲人たちは三〜四人の集団で街道や寺院周辺で、杖と琵琶を背負って物乞いをする下級琵琶法師でした。また津軽から越後にかけて、盲女性の芸能集団で、瞽女(ごぜ)というのもあったようです。

足利尊氏の従兄弟である明石覚一検校（一三七一年没）は、歴史上はじめての検校でした。明石検校は、針灸を盲人の職業として提唱します。

後醍醐天皇の誕生によって、検校・別当・勾頭・座頭(ざとう)などの一六の位階からなる「護官制度」（盲人に官位を与える制度）がつくられました。平安京都に「当道職屋敷」をおき、江戸時代になると関八州にも同様の屋敷がつくられました。

◆江戸時代

一七、一八世紀にかけて、八幡、生田、山田の三検校により、盲人の職業として邦楽（琴、三味線）もさかんになりました。すでに琵琶は衰退していました。

検校は大名家への出入りが許され、一万石の格式が与えられて、朱塗りの駕籠(かご)に乗っていました。勾当は旗本などに出入りが許されました。

座頭は一定区域内の町内の盲人を統率し、当座頭が七二の位階になっていることから、座頭はあんがい高い身分にいました。座は、男だけの集団で、三千人いたといわれています。

当座頭の当時の仕事は、鍼按(しんあん)、邦楽、金貸し金融で、その生計は、主に護官制度にもとづく配当金や婚礼、出産、家督相続、法事、新築・増築、寺院の増改築、武家の役替えや所替え、将軍家の縁組、出産、宮参りなど各種行事で、盲人に鳥目（ちょうもく）を出すことと定められています。按摩（あんま）や琴の師匠に弟子入りできたのは、中産階級出身の盲人であって、貧困家庭の盲人たちは縁日や群衆の前で木魚をたたいて歌い、恵みを受けていました。

また、今日の盲人にとっても、神様のような存在、杉山和一検校という方がいました。杉山検校は、今の「管鍼法（かんしんほう）」を編み出し、五代将軍綱吉の病気を治して、その褒美として、本所一つ目に鍼治（しんじ）の講習所（学問所）を開きました。その後各地に講習所がつくられました。あるいは、あんまに携わる盲人たちの中には、繁盛している晴眼者の技術所におしかけ、今でいえば、座り込み闘争を行ったりもし、自分たちのあんま業を守ろうとしました。このような業権擁護の考え方は今も変わりません。

また国学者の塙保己一（はなわほきいち）検校は、和学講談所を設立し国学の研究・教育を行いました。小笠原諸島の帰属問題が発生したときには、和学講談所が保持していた古い文献によって、日本の領土であることが国際法的にも認められた経緯もありました。

◆明治時代

一八七一（明治四）年の「廃藩置県」によって護官制度も廃止され、全国の「鍼治（しんじ）講習所」

も新政府によって廃止されました。

しかも、明治七年には、医師制度が制定されて、それまでの漢方法や東洋医学、鍼灸あんまは民間医療とされてしまいました。そこで、明治一一年、東京盲唖（もうあ）学校が設立されましたが明治末には盲（もう）と聾唖（ろうあ）が分離され、それぞれの学校になります。東京盲唖学校の石川倉治が「日本訓盲点字」を考案します。

明治時代は、都市部に流入してきた労働者たちの失業者が、あんま業に入ってきました。そして明治二七年には、「鍼按を盲人の専業に」という請願が出されましたが、衆議院では可決、残念ながら貴族院では否決、都合三回繰り返されました。また、明治三五年には「盲人医学協会」が創設され、板垣退助伯爵がそれに協力し、専業運動にも理解を示しました。

◆大正から昭和へ

大正一五年、「衆議院選挙法」に点字投票が導入され、その投票総数は五四四〇票。まだ婦人参政権のない時代です。昭和の太平洋戦争中は多くの障害者は「非国民」「ごくつぶし」と言われ、防空壕に入ることも拒否されました。そのため献納や軍への慰問団が行われました。

そして敗戦、戦後に。ＧＨＱは、鍼灸は野蛮な医療として禁止、これを受けて厚生省もその禁止に動きますが、全国から東京に集まった盲人たちは激しく反発、請願運動を展開しました。

そのことが功を奏して、昭和二二年に「按摩、鍼、灸、柔道整復等営業法」がはじめて法律として制定されます。

以上が視覚障害者当事者の一千余年にわたる歴史的運動です。

(3) 行政交渉を初めて経験した時のこと

当時の政治社会運動がまだ十分治まらない時期、行政交渉というものに初めて関わったのは、一九七五年の夏のことでした。私の盲学校時代の先輩が特別区の職員採用試験を点字受験しようとした時のことです。

特別区の人事委員会は、「盲人」の採用がないから点字受験は実施できないとしてきました。たしかに、採用のないところに制度上は点字受験は実施できません。当然でもあります。しかし当時、「国籍」や「禁固刑」等については兎も角、「盲人の採用はない」から「点字受験は実施しない」とは受験要綱のどこにも書いてありません。「要綱」を見る限り、全ては要綱に該当しています。皆さんは、この人事委員会の措置をごもっともとみますか、それとも差別とみますか?

しばらくして私はその先輩と喫茶店で会い、「受験票は送られてきた?」と尋ねたところ、「いいえ」でした。それで私はそのままの姿で、当時はTシャツ、ジーパン、サンダル履きで、人事委員会に行きました。会議室に通され、職員課長と補佐、二人が入ってきました。二対一の話し合いです。

なぜ受験票を送ってこないのか尋ねました。予想通り、答えは点字受験を実施しないからでした。

受験するかしないかは本人が決めることであって、たとえば病気や事故で当日受験できないこともありうるし、もしかしたら突然目が治って見えるかもしれない(といって急には出題の活字は読めない)と屁理屈などを並べて迫りました。数日後、先輩から受験票が送られてきたとの電話がありました。

七五年一〇月に、視覚障害者労働問題協議会(視労協)を立ち上げ、私がその代表となって、今度は東京都と交渉に入りました。相手は心身障害者福祉部長との集団交渉で、その一方で東京都人事委員会の任用局長とも二人で二回話し合いを持ちました。らちはあきませんでした。

七六年一月に入ってからの部長との交渉の時には、午前一〇時から午後二時過ぎまでかかりました。部長も当初は、知事部局として現在盲人の採用は考えていないというものでした。しかしもし採用があれば点字受験を行うのは当然のことですと付け加えていました。

そこで私は予め民生局支部組合の協力を取り付け、新宿にある都立心身障害者福祉センターの分科会組合から、盲人を職員に受け入れてもよいという返事をいただいていました。そこでその旨を部長に伝えると、部長は「組合にはそんな責任能力はない」と応答。それでそのことをめぐって、今度は組合と部長との論議に発展し、部長は三〇分程席を外した後、戻ってきて「来年度盲人を採用します」。

そしてそれ以来、東京都は毎年一人ずつ「福祉指導職C（点字受験）」を行うこととなりました。併せて、特別区の品川区でもその直後福祉指導職と電話交換手の二人の全盲を採用しました。

またこの頃同時に、「全盲を普通学校の教員に！」という運動もしており、東京都をはじめ横浜市、埼玉県、千葉県などでも教員採用試験の点字受験を認めさせてきました。（堀利和・宮昭夫共著『障害者と職業選択』一九七九年、三一書房参照）

(4) 障害者自身が時代的背景を創ってきた

障害者運動の現代的地平を切り開いてきたのは、なんといっても青い芝の会とそれまで当時の政治社会運動に関わってきた障害者たちの、七〇年代の生きざま運動の産物であったと言っても過言ではありません。それは、制度のない時代と制度のある時代との大きな違いでもあります。

津久井やまゆり園事件を想起するように、この施設は一九六四年に神奈川県立の大規模収容施設として作られました。六〇年代から七〇年代にかけて、全国各地にこのような大規模収容施設が当然のように次々と作られました。それが、障害者の「ため」と言われて作られた大規模収容施設のコロニー政策です。人里離れた山の中に、一生施設暮らしです。

「施設から出て行ったら、あなた死にますよ」、これは職員の脅し文句ではありません。心配してのことです。地域で自立生活をするための介護制度が全くなかった時代だったからです。でも、なかにはそれでも命がけで施設を出る者たちも現れ始めました。

北区や東京都、さらには国と交渉してようやく「他人介護派遣事業」を作らせ、生活保護受給者にかろうじて細々と介護人派遣事業制度を認めさせたのです。その一方で、大学の門の前で学生に向かってボランティア募集のチラシまきもしました。（本格的なヘルパー制度は九〇年代に入ってからです）

八〇年代に入ると、障害当事者自身によってアメリカをはじめ、北欧などから「自立生活運動」を紹介し、各地に「自立生活センター」を作っていくようにもなりました。そして同じ八〇年代には障害者の「職よこせ！運動」も展開されるようになりました。

八一年の国際障害者年のテーマ「社会への完全参加と平等」は、狭義の意味での「福祉」から「社会参加」全体へと意識を高め、九〇年代はバリアフリー時代の萌芽を作りました。それがその後「合理的配慮」のための権利条約の「権利」意識へと高まっていくといえます。もちろんその前にアメリカのＡＤＡ（障害者差別禁止法）があったことも確かです。

日本でも八〇年代に入って、新宿の公園に車イス障害者や支援者が集まり、集会やデモをしました。エレベーターのない新宿駅に向かって、駅員に車イスを担がせて電車に乗り込む、そんなデモンストレーションを何回もしました。そして国交省との交渉の結果、二〇〇〇年に障害者交通バリアフリー法が制定されます。

七〇年代は制度のない時代、八〇年代は自立生活運動、九〇年代はバリアフリー運動、そして二〇〇〇年代の権利条約の時代は「私たち抜きに、私たちのことを決めないで」の権利運動へと発展しました。

時代を動かすのは障害者自身です。制度のないところから制度を作るのです。そしてまた、その制度を変えていくのです。

制度ができるのを待つのか、制度を作る運動をする障害者になるのか、常に私たち自身が問われています。

(5) 遅れてきた精神障害者たち

現在は身体障害、知的障害、精神障害の三障害になっていますが、そうなるまでには戦後間もない一九四九年から九三年までのおよそ四〇年余の月日が流れています。こうしてようやく三障害になったわけです。

だから「遅れてきた精神障害者」なのです。それだけに差別偏見は他の障害と比べて今だひどいものがあります。その現実を先ず受け止めなければなりません。

戦後は当初傷痍軍人のための福祉法をつくる動きもありましたが、来日したヘレンケラーの影響もあって、結局、身体障害者全てを対象にした身体障害者福祉法が四九年に新法として成立しました。続いて、私たちに関係ある主な戦後の法律は、「私宅監置」を目的にしてきたそれまでの精神病患者看護法から五〇年に精神衛生法に改正され、そして同年に生活保護法が成立し、五三年には社会事業法が制定することとなりました。

さらに六〇年を前後して、国民年金法、国民健康法、精神薄弱者福祉法、そして身体障害者雇用促進法などが相次いでつくられました。

ところがその後精神障害者にとってはとんでもないことが起きてしまいました。きっかけは反米右翼思想の青年が六四年にライシャワー米人使に障害を負わせたことでした。その反米右翼思想の青年には「分裂病」の通院歴があり、時の政府もマスメディアも外交上、事件は「分裂病」患者が起こしたものとして「反米右翼思想」を不問に付そうとしたのです。事件は「分裂病」患者が起こしたものというように必然化したわけです。

それでその後東京都をはじめ各地に精神病院が増設され、強制措置入院。これらに対し、若手精神科医や全国「せいしんびょう」者集団などの反発の運動が起き、その後も続きました。

また、一般医療と異なり精神医療は医師や看護師などの人的配置が低く、そのこともあって医療措置は不十分でした。典型的には八四年に「宇都宮精神病院事件」が起きました。

厚生省の当時の動きは鈍く、代わって、国連からは法律家などの三団体が調査に入るということになり、厚生省もようやく精神衛生法を精神保健法に改正するという動きとなった次第です。

七〇年に議員立法として制定された「心身障害者対策基本法」を、九三年には「障害者基本法」に大改正しました。

与党代表の八代議員からは当初法律の題名を「障害者対策基本法」と提案がありましたが、私はこれを却下し、「障害者基本法」としました。

そしてその主な改正内容は、身体、知的に加え精神、つまり三障害にしたわけです。こうして初めて三障害者となったのです。

あくる年の九四年には精神保健法から「精神障害者保健福祉法」に改正されました。

遅れてきた精神障害者！　さらに雇用促進法も、二〇一八年に精神障害者が初めて正式に法定雇用義務となった次第です。だから「遅れてきた精神障害者」となってしまうわけです。

(6) 障害者の社会参加への組織的動き

戦前にも、中途失明者の衆議院議員や全盲の村長もいました。しかしそうした事例はありましたが「障害者が議員になるというのは当たり前」という時代ではありませんでした。

◆車イス障害者と全盲学校育ちの国会議員

車イス障害者として参議院議員になったのは八代英太さん。憲政始まって以来の車イス国会議員が一九七七年に誕生しました。八代さんはタレント時代、舞台から転落して車イス障害者となった人です。

そして私も憲政始まって以来の全盲学校育ちの視覚障害者国会議員になったわけです。

一九八一年の国際障害者年の年に、総評という労働組合が「障害者と労働者の連絡会議」をつくりましたが、私は七〇年代から障害者運動をしていた関係から、その代表の一人となりました。そして私を参議院選挙に出そうと決まりました。障害者を「陳情の立場から政策決定の場に出そう」というものでした。もちろん、政治家や議員など、全く考えてもいませんでしたが、結局、一九八六年の参議院選挙の全国比例区から出馬することになりました。その時の選挙ポスターのスローガンは「自分で発言」です。だが、残念ながらこの時は落選してしまいました。

その後、一九八九年の選挙では当選することができて、「憲政始まって以来の視覚障害者国会議員」とマスコミでもとりあげられました。私にとって大変苦労したのは、「障害者の立場」と「一般議員」、つまり政治家という立場のあり様でした。以来「障害者当事者も議員になろう」とよびかけ、全国をまわりました。統一地方選はもとより、それぞれ個別の自治体選挙にも出ようと訴えました。

◆政治参加は地方議会や重度の国会議員にも

一九八一年の国際障害者年は「社会参加」、であるならば、「二一世紀は政治参加」の時代にという、そのような問題意識をもちました。一九九五年の統一地方選挙に全力を注ぎ、そのことは『生きざま政治のネットワーク〜障害者と議会参加』（堀利和編著、一九九五年現代書館）にまとめています。

そこには、主に十数名の選挙を闘った記録が残されています。表紙の帯には「共生・共育・共政への二一世紀に向けて」と書き、裏カバーには「私たちは、〈障害〉を売りものにしたり、同情や哀れみをかおうとしているのではない。障害者の政治参加についても、選挙運動に際しても、市民として健常者と対等に障害者の立場を訴えているに過ぎない。自ら生きてきた体験、日々生活の中で感じている不合理、そうした諸々の事柄を、代弁者を通さず、直接〈自分で発言〉するのである。それはまた、民主主義の原点ではないだろうか。市民参加の本来の政治の在り方ではなかっただろうか。」と書きました。さらに、一九九九年の統一地方選では、現職を含め、一五人の視覚障害者議員が誕生しました。「視覚障害者ネットワーク」をつくり、私がその代表をつとめることにもなりました。

二〇一九年、参議院選挙で重度障害者の木村英子さんと舩後靖彦さんが国会の扉を拓いたのは画期的なことでした。また、昨年の都議会選挙では、初の聴覚障害者の議員も誕生し、私は三年ほど前から精神障害者の自治体議員の実現に関心を向けているところです。地域で子どもの時からの「分離・隔離」をなくすためにそれは必要なことです。

(7)『夜明け前のうた』上映会&シンポジウム　メモ

原義和監督のドキュメンタリー映画『夜明け前のうた～消された沖縄の障害者』が文化庁より優秀映画賞を受賞しましたが、一部の遺族からのクレームにより、公式な上映会は禁止されました。今回、六月二五日にＫＰ（神奈川県精神障害者人権センター）の主催で上映会とシンポジウムが開催されました。

映画は沖縄の精神障害者の私宅監置の歴史です。一九〇〇年に制定された精神病者看護法に基づき、警察や保健所に届け出て行われました。主な目的は、治安維持など社会防衛。届け出の内容は、県庁などを通じて内務省に報告されました。私宅監置の実施者は家族です。

本土では戦後一九五〇年に精神衛生法が制定され私宅監置は禁止されましたが、沖縄では結果的に本土復帰の一九七二年まで私宅監置が実施されてきた事実があります。またその数も本土の二倍。私宅監置はたとえばブロック塀や丸太などで狭く窓もない小屋を作って出口もなく、何年も閉じ込めるといった具合です。そのまま亡くなった者など動物以下の扱いを受け、あたかもその地域には精神病者がいないかのようにさせられてきました。

以下は、そのシンポジウムの時の私のメモです。

一、ドキュメンタリー映画の芸術性と表現の評価

六四年の東京オリンピックの市川崑監督のドキュメンタリー映画（記録）については、たとえば一〇〇m競争のスタートの選手の場面をアップとその映像時間延長により緊張を高めているが、これに対し「記録か？」という批判の声もありました。ドキュメンタリー映画と単なる写真の記録とは違います。

二、「障害」者等のプライバシーのあり方を考える

誰にもプライバシーはあります。保護されなければなりません。だが、「障害」はプライバシーでしょうか？　プライバシーにさせてしまう社会的・世間的な「人間関係」、その「人間観」の評価の見方こそ、プライバシー（障害）の侵害です。

たとえば「匿名」。親・家族が匿名を望んだ場合、匿名にさせられたその当事者は「あってはならない存在」、被害者となり、親・家族の側はその加害者の立場に立ちます。だがそれも、親・家族にそうさせているのは「世間」、社会なのです。

世間をつくっているのは「私」、「私たち」なのです。親・家族をそのように追い込んでいるのは私、私たちでもあるのです。加害者と被害者の関係をそれぞれ問わなければなり

ません。

三、歴史から現在、未来を問う

一九八四年の当時の西ドイツのワイツゼッカー大統領の有名な演説。障害者やユダヤ人のジェノサイドにふれた一節。「過去に目を閉ざす者は結局のところ現在にも盲目となります」。

四、障害に共に向き合うことが「共生」

すべての人は差別や偏見から自由ではないと思います。障害者差別の場合特に、知識だけでは解決されません。何よりも重要なのは、難しいですが、知識より、経験、体験、共に、直接の関係性です。

しかし、もっと厄介なのは、差別や偏見は今それを乗り越えることができたとしても、残念ながらその差別と偏見は社会のなかで形を変え、変質、再生産されるということでもあります。だから、私たちは差別や偏見に対して常に……。

〔書籍紹介〕

原義和編著『沖縄・台湾・西アフリカ　消された精神障害者「私宅監置」の闇を照らす犠牲者の眼差し』二〇一八年高文研

(8) 津久井やまゆり園事件から六年、強度行動障害者の施設生活の実態を問う

津久井やまゆり園は重度知的障害・強度行動障害者の施設です。障害者運動を振り返ってみれば、七〇年代から「施設反対」の当事者運動、八〇年代は自立生活運動、そしてその後バリアフリーのまちづくり、また九〇年代には知的障害当事者の「ピープルファースト」の運動が始まりました。二〇〇〇年代は権利条約をめぐっての運動が進められています。

だが不幸なことにあの事件をきっかけにようやく、強度行動障害者の実態が明らかにされたものの、それまでそれは障害者運動のなかで大きな課題にはなっていませんでした。そのことも含め、七月三一日には、篠田博之（月刊『創』編集長）、堀利和（津久井やまゆり園事件を考え続ける会）、渡辺一史（ノンフィクションライター）、市川亨（共同通信記者）のパネラー。澤則雄（ドキュメンタリー映画監督）の主催で、シンポジウムが新宿ロフトワンで開かれました。

先ず植松死刑確定囚が再審請求したことをめぐって、篠田さんから報告があり、私からはその再審請求の狙いについて問い、「外部交通権（接見交流）」と裁判（判決）に対する疑義があっ

てそうしたとのことです。今後どうなるかはわかりません。

また、市川記者が取材して明らかになった施設の実態が報告されました。それを以下、簡単に紹介します。県立県営の中井やまゆり園では、一部の入所者を一日二〇時間以上、外から施錠した鉄製扉のついた個室に閉じ込める対応が常態化し、特に異様なのが、居室に設置したカメラの映像を職員室のモニターで監視している。中井やまゆり園には七つの寮があり、「山寮」「空寮」「海寮」などの名称がついているが、カメラ監視を行っているのは「泉寮」というユニット。居室は七室、一つは短期入所なので、基本的には六人が六部屋に入っている。そして、職員は職員室に並んだモニターを見ていて、利用者がドアを叩いて開けてくれという仕草をしたら開けるとか、散歩や入浴のときだけ連れ出して、戻ったら施錠している。泉寮は他の寮の職員に実態を見せない。まず泉寮に入れないし、入っても居室閉じ込めだし、利用者の障害がどの程度なのか、実際に見ているのは泉寮の職員だけ。他の寮はカギが共通で職員が行き来できるが、泉寮だけはカギが違っていて、他寮の職員が容易には入れない。長時間の施錠が一〇年以上続いている人も数人いる。親御さんも泉寮には入れないようだ。

市川さんのこの実態調査は一部であるとも思うし、またもちろん全ての施設がこのようになっているというつもりもありません。しかし私としての大きな反省は、五〇年近く障害者運動に関わりながら、津久井やまゆり園事件をもって強度行動障害者の問題の実態を突き付けられたというのが率直なところです。我ながら大いに反省し、だからこそこの六年間津久井やまゆり園事件の問題に関わってきたのです。

裁判前日に匿名の犠牲者「甲A」を「美帆」と公表したお母さんがこのシンポジウムに参加され、冒頭の映像のなかで「事件を忘れず考え続けるということは、考えることを続けることです」という母の言葉が流されてシンポジウムは始まりました。

だからこそ、考え続けることが私たちに問われています。

(9)「障害」に固定観念は無用！

「障害」に対する固定観念（偏見）は奇跡を生みません。

先ず、新潟県長岡市に住む藤田さんの例から紹介します。藤田さんは中途失明者の男性で、現在七四歳です。

ＮＴＴに努めていた時に失明し、新潟盲学校でハリ、灸、マッサージの資格をとって、治療院を経営していました。九九年の統一地方選挙に立候補するよう私は藤田さんに勧め、見事トップ当選を果たし、三期一二年間市会議員を務めました。藤田さんは盲導犬使用者なので、全国でも初めて盲導犬を連れて本会議に出席しました。これは画期的なことです。ところが、盲導犬なら本会議場に犬を入れてもよいのか、盲導豚も入れてもよいのかという市民からの苦情の電話が自宅にあったそうです。「盲導豚」も意外に役立つかも。

その藤田さんは今、プロに習ってマジック・手品をやっています。小学校などからも呼ばれているようです。全く目の見えない藤田さんが、目の見える人を相手にマジック・手品を、つまり目の見える人を錯覚（だます）ということになります。見えない人が見える人を視覚でだますとは、なんと痛快なことでしょうか。固定観念(偏見)は奇跡を生みません。それどころか、偏見は新たな偏見さえ生みかねません。

では、次にベートーベンの話をしましょう。やはりベートーベンも次第に耳が悪くなり、交響曲第九番「歓びのシンフォニー」の時には全く耳が聴こえませんでした。ですから、第九のウィーンでの初演の時のことですが、観客は総立ちで拍手喝采。でもそれはベートーベンには聴こえません。そこでベートーベンを観客の方に振り向かせると、ベートーベンは目に涙を浮かべて感激したといわれています。

耳が次第に悪くなって聴こえないから、作曲、音楽は無理だと思いがちですが、それは固定観念（偏見）です。それにしてもベートーベンは孤独の中で作曲を続けたのです。奇跡は生まれます。

余談ですが、私は交響曲第七番が大好きです。おそらくこの頃から彼は耳にかなり不調をきたし始めたようです。だから七番は、そんな中での作曲だから頭を抱えるような激しさと不条理感さえ感じさせる交響曲です。三番の英雄、五番の運命、六番の田園、そして九番の歓びのシンフォニーとはそこが違うと思います。交響曲七番はベートーベンの嘆きともいってよいと思います。その激しさに感動します。

私は学生時代アパートの一人暮らし。安いステレオのスピーカーを壁の右と左にかけて、そして七番を聴くのですが、私の右手には細い箒、これが私の指揮棒です。指揮者になった気分でベートーベンの激情を演奏するのです。

こんな姿は人に見せられません。しかし奇跡は苦悩の中から、そして固定観念（偏見）の打破の中から生まれます。それがたとえ小さな奇跡であろうとも、私たち一人ひとりが作るものではないでしょうか。障害者こそそれを証明できる存在ではないでしょうか。

（初出＊ＮＰＯ法人わくわくかん会報（二〇二二年）に連載。一部修正・加筆して掲載）

〔II〕津久井やまゆり園事件

第1章　津久井やまゆり園事件の真相に迫る

はじめに　衆議院議長に宛てた手紙（以下「手紙」という）から考える

あの事件が起きてからすでに五年が過ぎた（本稿は二〇二一年に執筆）。その度ごとにあの事件とは何であったのか、あるいはその本質は一体何であったのかを考え続け、そして今こう思うのである。それが正直なところである。

さて、植松聖（さとし）とこの事件を理解する上で、「手紙」はきわめて重要なものであると考える。彼は「手紙」を自民党本部に持って行ったのだが断られ、仕方なくあくる日に衆議院議長公邸に持って行き、手渡すこととなった。「手紙」はパソコンではなく、手書きで書かれていた。今時と思うのだが、しかしそれだけにそれは彼にとってはいわば血判状のようなものであったに違いない。

「手紙」の内容についてはそれぞれ本文の中で取り上げているが、ここでは先ず「手紙」の性格、そして一見ばかばかしくも思われる個所、しかしそれは彼にとってみると大真面目であるはずだから、この事件の本質に迫る意味でも、だからこそ私もそれに真面目に向き合うこととする。

「手紙」の冒頭にはこうある。「私は障害者総勢四七〇名を抹殺することができます」。「できます」である。「します」ではない。つまり、「できますよ」と、お伺いを立てていることに等しい。「します」の決意表明の宣言にはなっていない。そう解釈できる。

そのことから、「手紙」の最後には衆議院議長に対して、「想像を絶する激務の中大変恐縮ではございますが、安倍晋三様にご相談いただけることを切に願っております」としている。おそらく、植松には安倍総理がそのようにうつったのではなかろうか。

そして、彼は大真面目にこうも書いている。「心身喪失による無罪」。これは刑法第三九条の「心身喪失は無罪」を意味する。ところが、彼は彼の造語である障害者の中で特に「心失者」と呼称し、それは抹殺の対象とした。そんな彼が、「心身喪失による無罪」と書いているのである。

さらにこうも書いている。「逮捕後の監禁は最長で二年までとし、その後は自由な人生を送らさせてください」と。「金銭的支援五億円」。

そしてこの「手紙」の結果、彼は措置入院となるのだが、しかしそれもたった一三日で退院しているのである。この入院中に、彼は事件の決行を決意したという。いずれにしろ、私はこの「手紙」の意味するところとその決行を決意するまでのことを重く受け止める。

この「手紙」から私は本来なら少なくとも刑法の偽計業務妨害罪が適用されるべきと考えるが、しかしそれは措置入院となった。その措置入院が彼にとっては耐え難い屈辱と感じられたに相違ない。だからこそこの時に「決行」を決意したのではなかろうかと思うのである。

(1) 津久井やまゆり園事件における三位一体の原因説

第一の原因　個人的性格

植松聖という人格は、精神鑑定が正しいとすれば「自己愛性パーソナリティ障害」である。それは自分自身に対する評価が、他人からのそれよりも高いということである。しかしながら同時に、彼は深い闇に沈んだコンプレックスに悩まされており、常に自らを醜い、カッコ悪い、弱い人間だと認識しながら、その一方ではカッコよく強い人間になろうとする「自己愛性パーソナリティ」をもつ人間である。

学生時代に美容整形を行ったり刺青をしたり、カッコよさ、美的、強い者への憧憬の念、そのことが美しさと醜さ、強者と弱者、役に立つかたたないかという二項対立の二分法の思考を持つに至る。カッコよくなりたいがなれない、強くなりたいがなれない彼にとっての個人的性格であり、事件の第一の原因である。

そのことにより必然的に導き出されるのは、歪んだ正義感と使命感、短絡的な英雄主義である。

第二の原因　津久井やまゆり園

津久井やまゆり園という入所（収容）施設の処遇の実態、つまり津久井やまゆり園が事件の第二の原因である。

入居者と職員との関係、閉鎖的な人間環境、直接処遇のあり方の実態は、「車イスに縛られた姿」「パンツだけで寝ている人は自分で排泄できない人」「食べ物を口のなかに流し込む」である。

職員からは、そのような処遇の実態に対して「二、三年やればわかるよ！」と言われ、結局、「障害者は不幸を作ることしかできません」「安楽死できる世界です」という感情を抱くようになった。他の職員のようにごまかすことも受け流すこともできず、そしてそのような非人間的な異常な日常からとんでもない方向に、おぞましい事件へと暴走したのである。もし彼が他の職員のようにいい加減であったなら、もし彼がそのようにしていたなら、あのような事件は起こらなかったのかもしれない。だから、あの事件は津久井やまゆり園が引き起こしたともいえる。彼は元職員であって、したがって通り魔事件ではない。殺害対象は津久井やまゆり園の入居者（「心失者」）でなければならなかった。

「初めまして。この度のぞみホームで勤務になりました植松聖です。心温かい職員の皆様と笑顔で働くことが出来る毎日に感動しております。仕事では、毎日がわからない事だらけです。右も左も分かりません。経験豊富な先輩方の動きを盗み、仕事を覚えていきたいと考えています。今は頼りない新人です。しかし、一年後には仕事を任す事の出来る職員を目指して日々頑張っていきます。これからも宜しくお願いいたします。」

（二〇一三年五月発行　家族会会報より）

元家族会会長の尾野さんが言うには、彼は好青年であったという。

第三の原因　優生思想

それは優生思想である。優生思想とは優生な人類・諸集団を保護育成するのではなく、劣性な人類・諸集団を排除・抹殺する思想である。植松の優生思想は、どちらかといえばヒトラーというよりはむしろマルサスのそれに近い。

『人口論』の著者であるマルサスは、一八世紀末、自国イギリスの救貧法に反対し、劣性な人類・貧者・病人（障害者等）は自然淘汰されるべきであって、救済してはならないとした。植松はそれをさらに踏み込んで、「淘汰」から「保護者の同意を得て安楽死」にまで至った。不幸を作る迷惑論である。

五年前米大統領のトランプのアメリカンファースト、白人至上主義、排外主義など、包み隠さずの本音に、植松は感銘を受けたという。「理由は世界経済の活性化」「日本国と世界の為と思い居ても立ってもも居られずに」「今こそ革命を行い、全人類の為に必要不可欠である辛い決断をする時だと考えます」の「手紙」も同様である。彼のこうした思想は、事件を引き起こした優生思想は、なにも彼一人のものではない。今や現代社会の、分断社会の、顕在化した危険な思想であるといえる。すなわち、植松は「精神障害」者ではなく、「思想障害」者である。

よって、原因が三つのうちの一つでも欠けたら事件は起きなかった。

(2) 強者が被害者意識を持つ構造

この事件に至るまでの植松の精神構造とその思考法について分析する上で、先ずやまゆり園における一つの事例を確認しておこう。それは刺青問題である。

刺青をしていることが園に発覚した。言うまでもなく、刺青は彼にとって特別な意味を持つ。だが、そのことを巡って問題となった。園長他管理職の間で、彼をどう処遇するかが話し合われた。解雇という意見もあったが、まじめだからということから、刺青に対する対応策が施されてこの問題は決着した。

しかし、それは彼にとっては屈辱以外の何物でもない。この場合のケースをみても、通常ならその怒りは管理職（強者）に向けられるのだが、それは入居者（弱者）に向けられたと考えられる。この頃から人が変わったようだという。こうした一連の彼の精神状況を、次に「手紙」からみてみよう。

そこからは先ず、「車イスに一生縛られた気の毒な」とあるように、入居者の障害者に対して同情の意すらのぞかせている。ところが次第に、「障害者は不幸を作ることしかできません」となって、彼らを迷惑な存在とみなし、つまるところ「世界経済の活性化」「日本国と世界の平和のため」を妨げる阻害要因と決めつけるところまでくる。そのため、その上で「障害者を殺すことは不幸を最大限まで抑えることができます」と結論付ける。

つまり、「心失者」の存在が植松自身を含めた日本国と世界を不幸に貶める原因、迷惑な存在と決定付けるに至り、それはまさしく彼の歪んだ正義感と使命感、そして短絡的な英雄主義に自らをマインドコントロールした結果に尽きる。すなわち以上のことからも言えるのは、強者（加害者）がもつ被害者意識の構造的変遷に他ならないと言えるのである。このことは取りも直さずヘイトクライムにも通底する。

戦前大日本帝国陸軍が朝鮮半島や中国大陸に侵略した際には、朝鮮人や中国人は日本国の「外部」にあって、「外部」の存在であった。ところが、今日の在特会に見られるようなヘイトクライムは「内部」における関係性と位置付けられる。在日朝鮮韓国人や中国人は日本国の、日本社会の「内部」に居て、それによって日本人は迷惑を被り、何らかの被害や損害、余計な負担を強いられているという被害者意識を生み出すこととなる。そのような存在と映る。被害者が加害者に、加害者が被害者に転化する。つまり、強者の立場にある日本人が、すなわちむしろ在日の人々の犠牲になり、被害を被り、まさにそのように被害者意識に転化する。これは、侵略の「外部」とは異なった日本社会の「内部」の関係そのものだと言える。両者はその点が大きく異なる。

植松も在特会も、その「内部」の関係性において被害者意識を構造的に形成する。しかしそこには複雑に絡み合った加害者性と被害者性、優越性と屈辱感、それは取りも直さず暴力という形態をもって現れる。排斥行為である。

このような同様の事象については、ドイツのトルコ移民の問題を以前にも取り上げた。ドイツ人が嫌がる3K（きつい、汚い、危険）の仕事などはトルコ移民が従事し、しかし一旦不況になって失業者が増大すると、今度はトルコ移民がドイツ人の仕事を奪っているということになる。これもまさしく、強者の被害者意識である。こうした意識構造はヨーロッパをはじめアメリカにも見られる。ネオ・ナチの台頭や、人種、民族、移民に向けられた敵意と憎悪のトランプ現象である。しかしそれらは、被害者意識がもたらす危機感の証左でもある。

ところが植松はそれに留まらず、被害者意識に留まらず、すでにふれたように歪んだ正義感と使命感、短絡的な英雄主義に自らを高める。救世主となる、あるいは、事件を実行することでそのようになれると錯覚し、自己幻想に陥ったのである。植松とこの事件は、私たちにそう語りかける。だからこそそれは単に障害者の問題や福祉に収れんさせてはならない。社会の奥深くに根差した問題でもある。現代社会の病理である。たとえ植松が短絡的な人物であろうとも…。

⑶ 植松死刑囚の精神状況にみる

植松死刑囚は自ら控訴を取り下げ、死刑を受け入れた。死刑確定後の彼に関する少ない情報によれば、彼はそれに動じていないようにすら見える。確かに死ぬことへの不安や寂しさの感情を覗かせているのも、事実ではあるが…。

なぜ、そうなのか。何が彼にそうさせているのか。これまで彼は、肉親を突然失った遺族に対しては謝罪の言葉を口にしているが、しかし犠牲者に対しては何らそのような言葉を口にしていない。そこが問題だ。

彼が自ら起こした事件について、彼はそれをどう見ているのか。それは、人類のためにつらい決断をした彼なりの社会正義、そして自らをその救世主とみなしているからに他ならないと言えるだろう。言い換えれば、歪んだ正義感と使命感、短絡的な英雄主義が、そのような彼を支えているとも言えなくはないか。

何もここで彼を『罪と罰』のラスコーリニコフのような人物であるとするつもりはないが、しかし、あえて次にドストエフスキーの「エピローグ」を引用する。ドストエフスキーはこの『罪と罰』において結論を得ているとは言えない。だから「エピローグ」のラスコーリニコフについては、その後の『白痴』、『悪霊』に続く。それがロシアの当時の時代であった。また、一九世紀におけるこの時代の西洋の思想状況でもあった。

『罪と罰』では、黄金を老婆が持っているよりも、優秀で有能な優れた自分が持っていた方が役立つ、世の中のためになると、ラスコーリニコフは考えた。こうして、結局彼は老婆を殺害することとなる。

ソーニャ（マリアの化身）に促されたラスコーリニコフは、大地に接吻する。だが、ドストエフスキーは「エピローグ」の中でラスコーリニコフにこう言わしめている。

「どういうわけでおれの思想は、開闢（かいびゃく）以来この世にうようよして、互いにぶつかりあっている他の思想や理論に比べて、より愚劣だったというのだ？（略）おれはこの第一歩をおのれに許す権利がなかったのだ」。

そしてドストエフスキーは、こう分析する。「つまりこの一点だけにかれは自分の犯罪を認めた」と、ラスコーリニコフに強靭な精神力（他の思想や理論）があったなら、自分を持ちこたえさせることができたのかと問うのは本質を見失うと。

そこで言えることは近代合理主義とは何か、そしてさらに言えば合理主義を支えるものは、一体何かということである。老婆の殺害、障害者を殺すことは不幸を最大限まで抑えることができる、その合理性、ラスコーリニコフと植松聖の合理性を、私たちはどのように、その不条理的な合理性を何によって反論しうるかである。

おわりに

施設での人権とは？

おわりにあたって、「強者が被害者意識を持つ構造」におけるマイノリティ、障害者の人権について考えてみたい。ここでは特にそれを障害者にとっての入所施設の問題、直接処遇としての介護に関わる人権の問題に絞って取り上げてみたい。第二の原因「津久井やまゆり園」に関わる案件である。

私が初めて障害者運動、当時は障害者解放運動と言っていたが、それに関わるようになったきっかけは、一九七三年の都立府中療育センター闘争であった。有楽町にあった都庁の第一庁舎本館前のテント座り込み闘争である。

東洋一といわれた府中療育センターはなぜか、福祉局（当時は民生局）ではなく衛生局の所管であった。隣の都立病院とは地下通路でつながっており、入所する際の条件としては家族はわが子が死んだ時に献体を承諾することを確約された。そうでないと入所は認められなかった。

確かにこれは五〇年ほど前のことではあるが…。

同性介護の原則がまだなかった時代だから、女性も男性の職員の入浴介助を受けていた。処遇困難を理由に、髪の毛は長くは許されず短くさせられていた。外出ももちろん許可が必要であった。

当時全国の入所施設にあっては、女性は子宮摘出手術が強制的に行われていたケースもあった。生理時のケアが大変だからという理由からである。こうしたコロニー政策は六〇年代から。津久井やまゆり園は一九六四年、障害者の「ため」としてコロニー政策が進められた。

優生保護法の下で強制不妊手術も行われていた。これが人権問題であることはいうまでもない。不良な子孫を残さないというためである。優生思想とはすでに述べたように、優生な人類諸集団を保護育成するのではなく、劣性な諸集団を排除抹殺することであって、優生保護法の優生保護も、不良な子孫を残さないために障害当事者に強制不妊手術を行うものであったが、同様に、いやむしろそれ以上にケアが大変だということから、施設入居者の女性の子宮摘出手術を行うなど、もっての外である。「いいえ、今はそこまでは…」と言うかもしれない。確かにそうかもしれない。だが、今だに虐待は絶えない。それも現状である。

植松聖も、そのような虐待ともいえる直接処遇の実態を目の前にしていたはずである。しかし彼は、「二、三年やればわかるよ」ともなれなかったし、だからといってそれを障害者に寄り添って改善することにもなれず、それでとんでもない方向に、あのようなおぞましい事件の方向に暴走してしまったのである。

たとえ施設であっても、人権を問うというのは、職員も障害者も毎日をいきいき楽しく、仕事もやりがいがあって障害者も満足して人間らしい生活を送る。それがお互いにとって良い施設、それが人権の証であるといえる。

最後に書き添えておくと、入倉元園長のそれまでの姿勢を紹介すると、植松によって園は被害を受けたという被害者意識を露わにしている。

七月二〇日。新理事長は「法人としては、植松死刑囚が職場というか、仕事のなかでこういう思想をつくりあげていたという考えには至っていません。彼本来のパーソナリティ障害からくるものだと、私は理解しております」。

新園長、「この事件を止める策があったのではと考え続けているところでございます」「先ほど植松の資質だと言ったと思いますが、逆に、そういう資質を見抜けないで採用してしまったのではないか」。

われらマイノリティはリトマス試験紙か？

本誌出版の理念と心情からすれば当然のことであるが、特に今号においてはあえて次のことを書き添えておきたい。

私の経験から四十数年前のこと、全盲の子が普通学校に入ろうとした時のことである。他の父母たちはそれに反対した。

そのような目の悪い子がわが子と同じ学級に入ったら、先生はどうしてもその子に手をかけ、したがってわが子たちの勉強がおろそかになってしまいかねない、勉強が遅れてしまうというものであった。ゆえに、反対という声をあげた。

それをあえて批判するつもりはないが、ものわかりの良いヒューマニストの立場にある人が、いざ自分の生活圏の中にそのような異物の人間が入ってきたら、おそらく本能的に排除の念を抱くであろう。在日の人や被差別部落の人を日頃なんら差別をしない人でも、わが子がそのような人と結婚するとなるとおそらく絶対反対、認めないということにもなりうる。ヒューマニズム、多様性も、我が事となればもろいものである。

私は誰と生きていくのか、常に問われる。

（初出＊季刊『福祉労働』二〇二一年秋号）

■事件に関する書籍紹介

『私たちの津久井やまゆり園事件　障害者とともに〈共生社会〉の明日へ』堀利和編著（社会評論社　二〇一七年九月）

『私たちは津久井やまゆり園事件の「何」を裁くべきか　美帆さん智子さんと、甲Zさんを世の光に！』堀利和編著（社会評論社　二〇二〇年三月）

『季刊　福祉労働　特集津久井やまゆり園事件が社会に残した「宿題」』（現代書館　一六七号二〇二〇年夏）

『障害社会科学の視座　障害者と健常者が共に、類としての人間存在へ』堀利和著（社会評論社二〇二〇年九月）

第2章　植松聖の歪んだ正義感と優生思想

植松は、「心失者」から被害を受けている世界を救うという歪んだ正義感によって英雄主義への道筋を歩んでいった。軽々に「世界経済の活性化」や「全人類のために」と語ってしまう思想の飛躍は、一体どこからやってきたのだろう。裁判での発言や被害者家族の証言、植松が読んだ思想書などから読み解く。

三月三十一日午前〇時　死刑判決確定
死刑囚となった　植松聖
彼を賛美した　ネット炎上の者たちよ

おまえが執行ボタンを　押せ
俺は　押さない
俺は押す
彼の差別思想に

(1) 衆議院議長に宛てた「手紙」の三段階論

「手紙」の文章の前後を入れ替えると、第一段は、「保護者の疲れきった表情、施設で働いている職員の生気の欠けた瞳」「障害者は人間としてではなく、動物として生活をすごしております」「車イスに一生縛られている気の毒な利用者も多く存在し」となっている。この段階では利用者、保護者、職員を観察し、「気の毒な利用者も多くいる」とシンパシーや同情の気持ちを見せている。

第二段になると、「障害者は不幸を作ることしかできません」「障害者を殺すことは不幸を最大で抑えることができます」「保護者の同意を得て安楽死できる世界です」。第一段から第二段にかけては、殺害の意志を示してはいるものの、これはまだ個人的な動機であって、実行することはなかったと思われる。

ところが第三段になると、「理由は世界経済の活性化」「日本国と世界の為と思い居ても立っても居られずに」「今こそ革命を行い、全人類の為に必要不可欠である辛い決断をする時だと考えます」と、さらに飛躍し、「思想」化した。

(2) 横浜地裁の判決と死刑囚植松聖の言い分

この事件は単に植松聖個人を裁くものであってはならず、しかし検察と弁護人の間では「刑事責任能力」の有無を争うのみで、結局三月一六日の判決では検察が求めた「死刑」が言い渡された。

弁護人としては当然被告を無罪または減刑に持ち込む責任があるため、本裁判でも公判を通してそのように求めた。それゆえ、永山基準からみて「心神耗弱」では意味がなく、「心神喪失（無罪）」に持ち込む他なかった。それが「刑事責任能力無し」、事件当時精神錯乱状態にあったということである。

だから弁護人は、大麻精神病の妄想により「責任能力無し」として二七日に控訴したが、結果それは彼の「思想」が単なる妄想に過ぎないと認めることにつながるほか、すでに植松は検察に対して「自首したほうが、精神錯乱していないと思われる」と述べているため、三月二四日に接見した東京新聞記者に「二審、三審と続けるのは間違っている。この事件については答えが出ているので、もういい」と控訴しないことを断言して、たとえ弁護人が控訴したとしても「取り下げる」としている。その控訴期限が三月三〇日。同日夕方に自ら取り下げ、翌三一日の午前〇時に死刑が確定した。

また接見でも「障害者に人権がある前提で進んだことが納得いかない」「文句を言う遺族はヒステリックと思った」と続けている。そして、判決の言い渡し直後に「最後に一言だけ言いたいことがあります」と手を挙げたのだが、裁判長はそれを無視して閉廷した。その一言は「世界平和に一歩近づくにはマリファナ（大麻）が必要だと言いたかった」とのことである。ここで大麻についてふれると、裁判の中で弁護人とのやり取りにおいて、弁護人から「大麻によってもたらされるいいこととは、どういうことを言うのか」と聞かれ、植松は「重度障害者は、殺害したほうがいいということを教えてくれた」と応じた。

検察からの「よい社会をつくるとはどういうことか。意思疎通できない人を殺害することで、よい社会づくりができると考えているのか」との質問に対し、「やまゆり園にとどまらず、世界中の意思疎通できない障害者をそうすべき。殺したほうがいいということに気づいてもらう」。「今回の事件でそれを考えてほしいということか」の問いに、「はい」と答えた。

裁判においては、検察、被告、弁護人の三者の立場がそれぞれ異なり、公判の進め方に奇異を感じた。そんななか、植松被告の歪んだ障害者観・「心失者」観は一貫してゆらぐことはなかった。つまり、死刑を受け入れることで自らの「革新」を再認識するようでもあった。

そして記者との接見において、植松被告は死刑判決は「でるだろうと思っていた」、死については「怖さもある」とし、「(この世の中が)楽しいからいなくなるのは寂しく、悲しい」と述べている。

この裁判は当初から被害者が匿名で扱われ、死傷者は生身の人間というよりは「抽象化」「記号化」された存在として公判が進められた。だが、初公判前日、「甲A(一九歳)」の母親がわが娘の名前を裁判員に知ってもらいたいとして、「美帆」と公表した。

(3) 植松死刑囚との接見から

四月一日に報道されたニュースを耳から聞いただけなので、正確にはわからないが、NHK記者との接見では、「今後接見できないと、手紙や話で自分の主張が言えなくなるから、控訴取り下げをやめようと思ったが、残念」「面会や手紙のやり取りがなくなるのは悲しいです」「心の葛藤はあった」「これ以上裁判を続ける意味はない」「死への恐怖はなくなりました」と話しているようである。

同じく月刊誌『創』の篠田編集長とも接見して、「マンガを描いたり絵を描いたりという仕事を自分はまだやれると思っているので」、そして「まあ仕事と言えるほどのものではないですが」とも付け加えた。「一年以上前ですが、幻覚を見たんです。ここの壁がバラバラと崩れていく光景です。私は死刑が確定しますが、死刑で死ぬことはないと思っているんです」。どのみち日本は破滅するのだから、死刑確定はそれほど意味がないというのだ、と篠田編集長は書いている。「死にたくはないけれど、一方でやはり死ぬべきだという気持ちがある」「自死を選択した」とも表現した。

(4) 事件は入所施設の津久井やまゆり園で起きた

次に個人的動機に焦点を当てて、入所施設やまゆり園の処遇のあり方について考えてみたい。家族会前会長の尾野さんが言うには、彼は好青年であった。彼は二〇一三年五月発行の家族会の会報に、次のように書いている。

「初めまして。この度のぞみホームで勤務になりました植松聖です。心温かい職員の皆様と笑顔で働くことが出来る毎日に感動しております。仕事では、毎日がわからない事だらけです。右も分かりません。経験豊富な先輩方の動きを盗み、仕事を覚えていきたいと考えています。今は頼りない新人です。しかし、一年後には仕事を任す事の出来る職員を目指して日々頑張っていきます。これからも宜しくお願いいたします。」

（二〇二〇年一月二八日朝日新聞記事）

一月二七日の横浜地裁第九回公判。検察側の「襲撃する人をどのように決めたか」という質問に「部屋に何もない人は考えを伝えられず、パンツだけで寝ている人は自分で排泄できない人と判断した。利用者に命令口調になったり流動食を作業のように流し込んだりする他の職員の姿を見て（利用者は）人間でないと思った」と述べて、園で働くなかで差別的な考えが膨らんだと（植松被告は）話した。

また、植松にとって刺青は美でありそのスジの強さを象徴するものであったが、刺青が発覚して園長や管理職から問題を突きつけられた。しかし真面目だということから解雇されることはなかったが、それは彼にとって屈辱以外の何物でもなかったといえる。

昨年八月上旬に、新潟で尾野さんと私の講演会があった。このとき私は「刺青問題」を話した。尾野さんによれば、この刺青の問題があってから彼は人が変わったという。同僚や上司と口論の際に取っ組み合いになったという。後に彼はこの件で「障害者にさせられた」と言ったというのである。通常なら自分を非難してくる相手に対してその怒りが向かうのだが、彼はそうではなかった。強者にではなく、弱者に向かった。入所の利用者に向かったのである。

(5) 植松聖の優生思想

次に、彼の優生思想について分析してみたい。一人二人に虐待することとは異なって、彼の歪んだ正義感と使命感の「思想」形成そのものが問題であると言える。それがこの事件の理解を一層複雑にしている。

措置入院中に「ヒトラーの思想が下りてきた」と言ったとされているが、実は、彼はナチス・ドイツのＴ４作戦を知らなかった。ユダヤ人六〇〇万人がジェノサイドされたことは知っていたが、それは間違いだと言っている。一方、Ｔ４作戦で障害者・難病者が二〇万人以上殺されたことは知らなかったという。

彼の優生思想はヒトラーというよりどちらからというとマルサスのそれに近い。十八世紀末、自国イギリスの救貧法に反対した『人口論』の著者マルサスの経済思想と人口法則である。食料の増加は算術級数的にしか進まないが、人口の増加は幾何級数的に進み、食料不足の状態のなかで病人（障害者）や貧者などの劣性な人類は淘汰されるべきであって、したがって救貧法による救済は無意味であり、人口法則に従うべきとした。もちろんこの人口法則も経済思想も誤りであることは言うまでもないが、劣性な人間は淘汰・死滅させて当然、植松被告も「心失者」は安楽死が当然という同質の思想である。「障害者は不幸を作ることしかできません」「安楽死できる世界です」というように、積極的自然淘汰、迷惑論とでも言うべきものである。

また、アメリカ大統領・トランプの「アメリカンファースト」、白人至上主義、排外主義思想に、彼は共感した。この精神構造、思想は「強者が被害者意識をもつ構造」とも言える。移民・難民の問題に置き換えて言えば、ドイツではかつてトルコ移民を受け入れて、3K（汚い、きつい、危険）の仕事に従事させた。ところが不況になって失業者が増えると、今度はトルコ移民がドイツ人の仕事を奪っているという被害者意識をもつに至る。

この精神構造が「刺青問題・事件」であり、彼特有の二分法の思考法でもあり、弱者を攻撃することが自己否定から自己肯定への歪んだ正義感と英雄主義への道筋となっていくことがわかる。

そしてさらに注目すべきは、衆議院議長に宛てた「手紙」、「私は障害者総勢四七〇名を抹殺することができます」「是非、安倍晋三様のお耳に伝えて頂ければと思います」。その答えが「措置入院」かよ！　となり、措置入院中に彼は殺害の決意を固めたと言われている。

(6) 植松聖の哲学思想の誤り

ドキュメント映画『生きるのに理由はいるの？』を製作した澤則雄氏が植松被告と接見した後、彼から届いた手紙を読ませてもらった。差し入れられたと思われるかなり多くの本（三〇〇冊ほど）を読んでいるようだが、その手紙にはカントとニーチェの名前があった。そこには「超人になりたいが、なれない」と書かれていた。

おそらく彼はニーチェの『ツァラトゥストラはかく語りき』を読んだと思われる。超人にあこがれている植松らしい感想である。しかし残念ながらニーチェ哲学の「超人」はそういうものではない。彼の曲解である。世界の真ん中にいて、その頂点に立つ強い存在として超人を理解したようである。

しかし、「神は死んだ」と叫び自らを「例外者」とするニーチェの実存哲学では、「神は死んだ」世界の周辺で耐え忍ぶ存在、それが超人である。反近代主義の無のニヒリズム、「力への意志」なのである。「超人になりたいが、なれない」という植松被告のそれは「革命的英雄主義」ではないのか。

それはヒトラーにも言える。ピレネー山脈で会ったムッソリーニから『ニーチェ全集』を贈られたヒトラーは、ナチズム思想においてニーチェを利用した。そのためニーチェ哲学をどう評価するかは一つの論争ではあるが、少なくとも無の形而上学・哲学者のハイデガーがナチズムに賛意を示したこととは明らかに違う。ヒトラーはニーチェを利用したのである。

また、カント哲学についてもそうである。カントは、「人間は手段であると同時に目的である」と、道徳律、人間論、自由論を説いた。他者を手段とすると自己自身も他者から手段とされ、そこには自由はない。しかし、他者を目的とすると自己自身も他者から目的とされて、「人間は目的」であって、自由となる。これがカントの自由論である。

ところが、植松聖は障害者を手段、「心失者」は役に立つか立たないかの二分法で判断した。つまり障害者のみならず人間をそのようにみて、「人間は目的」ではなく「人間は手段」であるから、したがって彼もまた自由ではない。

障害者は目的である。人間解放の最後の存在者、サバルタンである。障害者は福祉政策の対象でも手段でもない。障害者の存在自体、それ自体が目的である。なぜなら、障害者は人間界においてのみ存在できるのであって、自然界においては障害をもつ動物は生存できないからである。

というのも、動物行動学者ドーキンスの「利己的遺伝子説」を、さらにハミルトンは「血縁淘汰説」として発展させたが、これに加えて、動物の例外者としての人類は、「共生の遺伝子」

を形質として獲得したという「共生の遺伝子説」を私は唱えている。「利己的遺伝子説」「血縁淘汰説」「共生の遺伝子説」である。自然科学から社会科学（たとえば今日的に言えば所得再分配という政策科学）への世界史的進歩である。すなわち、そこから言えることは、「利己的遺伝子」が出現するか、もしくは「共生の遺伝子」が出現するかは、いたって経済社会環境によって決定づけられるということである。といって、それは必ずしも機械的唯物論のような決定論を意味するものではない。社会変革に関わる主体性論にも深く依拠したものであると言えるからである。いずれにせよ、それは「障害者は人間界においてのみ存在でき」「人間（障害者）は目的である」ということを人間学的に論証しようとすることに他ならない。

終わりに

植松死刑囚は津久井やまゆり園の重度重複知的障害者を殺したが、われわれはすでに彼らを地域社会から抹殺していた。

植松死刑囚は津久井やまゆり園の重度重複知的障害者の命を奪ったが、親・兄弟姉妹は彼らの名前を抹消した。

われわれの善意と恥の意識が、津久井やまゆり園の重度重複知的障害者を、被害と加害の関係性の中で殺した。

津久井やまゆり園のこの事件は、殺した者が殺され、殺された者が生き還るという輪廻の世界を打ち立てた。

公判前日「わたし、とくめいから美帆になったの！」と、美帆さんのつぶやきが聴こえる。

美帆さん、お母さんの子に生まれてよかったね。

(注) ただし、ドーキンスはその後『神は妄想である』の中で、利己的遺伝子による利己的行動が、むしろ、気前の良いという評判とその見返りを期待して、表面上は利他的行動に見えることもあると立証しようとしたことについても、私たちは評価を与えなければならないであろう。

(初出＊季刊『福祉労働』二〇二〇年夏号)

〔Ⅲ〕コモン社会とその展望

第1章　地域から「コモン」社会のネットワークづくりへ

(1) 昔も今も入所施設は健常者社会の《外部》

「津久井やまゆり園事件」は残忍な殺傷事件であったが、神奈川県相模原市という限られた地域社会でのできごととして、日頃障害者たちとは全く関係のない国民にとっては、非日常的なことであり、自分たちが住んでいるコミュニティには直接結びつくものでもないとして終っている。ましてや今から五〇年ほど前の「都立府中療育センター闘争」などもってのの外であろう。当時東洋一といわれた障害者の療養施設である。

入所する際にも家族は入所者が亡くなった際に「献体」の承諾を確約させられ、外泊はもとより外出する際にも許可が必要であった。今のような同性介護の原則もない時代だから、女性の入浴介助も男性職員がやり、処遇の困難を理由に長い髪は許されなかった。

そこで、入所者のなかから「施設反対」「処遇の改善」の声があがり、「鳥は空に、魚は海に、人は社会に」といったスローガンの下で、施設や都庁に対して抗議し、都職員らをはじめ多くの支援者も関わって「闘争」が展開された。

当時の都庁は東京駅と有楽町駅の間にあって、第一庁舎本館前で一年と九か月にわたり、「府中療育センターテント座り込み闘争」が行われた。支援の郵便物も「本館前」で届いたほどである。私もその闘争に加わった一人だ。

都庁との、その後の妥協の交渉結果により、日野市に五〇人規模の小規模入所施設「日野療護園」が新設された。そこではできる限り通常の生活に近づけようと、また自治会もつくられ、私も彼らと交流を重ねてきた。

これらの一連の運動は、「施設解体・脱派」と「施設改革派」の、概ね二つに分かれていった。そして全国的にみると、障害者解放運動団体（全障連）もつくられる状況にあった。

「津久井やまゆり園事件を考え続ける会」には当初から関わり、私はこの事件には三位一体の原因があるとして、①植松聖の「個人的性格」、②「大型施設・やまゆり園」、③「優生思想」

という思想障害を挙げてきた。その点は後述の書籍や雑誌でも触れているので一読を願いたい。問題はあのような事件がおきたために、その後建物は改築され、昨年八月その新築施設に、入居者たちがほとんど再入居し、出たのは数人だった。本人や当事者に問題があるというより、当事者を地域に迎え入れようとしない「社会」に問題があるのである。施設の存在そのものは、五〇年たっても何も変わっていない。実は、事件を起こしたやまゆり園を運営しているかながわ共同会が運営する津久井やまゆり園とは別に、県が最近調査した県営の中井やまゆり園の施設の虐待が明らかになった。大型施設の実態は変わっていない。「津久井やまゆり園事件」を、決して過去のものとしてはならない。

(2)「サラマンカ宣言」無視の日本社会

障害児（者）は特別な人間ではない。さまざまな人間集団のなかで、「特別」なニーズをもった人間、個性である。全ての様々な人間集団のなかの「個体」、場合によっては特別な「専門」的対応が求められるにすぎない。

一九九四年にユネスコとスペイン政府の共催で開かれた世界会議での宣言、「特別なニーズ教育における原則、政策、実践に関するサラマンカ宣言」のなかに「特別な教育的ニーズをもつ児童・青年・成人に対し通常の教育システム内での教育を提供する必要性と緊急性を認識し」とある。こうも言っている。

「特別な教育的ニーズをもつ子どもたちは、彼らのニーズに合致できる児童中心の教育学の枠内で調整する、通常の学校にアクセスしなければならず」「このインクルーシブ志向をもつ通常の学校こそ、差別的態度と戦い、すべての人を喜んで受け入れる地域社会をつくり上げ、インクルーシブ社会を築き上げ、万人のための教育を達成する最も効果的な手段であり」と宣言した。

しかし、日本は「サラマンカ宣言」を承認せず、障害を「特別」なニーズとして「特別」な支援学校をつくり、今や教室や椅子が足りないと大騒ぎしているのが現状である。分離によってしか「専門性」が確保されないとする「原則」こそ、分離主義に浸透した非人間的、非人道的、人権無視の他人事の思想に立脚していると言わざるをえない。

(3) 障害者にとっての「平時」はすなわち有事

新型コロナ感染症は確かに自然災害であるともいえるが、しかしそれは同時に人災でもある。「へぼ将棋、王より飛車を可愛がる」というように、「安倍政治、国民より政権を可愛がる」。

経済政策を優先し、その結果、感染症対策が後手後手のちぐはぐにならざるをえず、そのことがかえって経済に悪影響を与えた。

多くの人が仕事や住まいを失った。しかも社会的に弱者である人々、とりわけ非正規の契約社員やアルバイト、技能実習生などの外国人移住者たちを直撃した。リーマンショックの際には製造業の派遣社員などの雇止めだったが、今回はサービス小売業、非正規などの多くの女性たちを失業に追い込んだ。それが金融危機と感染症危機の違いである。

しかし、だからといって社会的弱者である障害者全員が、必ずしもそうなったわけではない。もちろん、ソーシャルディスタンスによって孤立を一層強いられたことも確かである。これをどう見るかである。極論すれば、障害者にとっての「平時」は常に有事なのである。

身体、知的および精神障害者、総勢五〇万人もの障害者が施設や精神病院の塀の中にいる。しかし、これらは障害者の人間性を失わせている。一四万三千人の障害児が、地域から切り離された見えざる塀の特別支援学校にいる。健常児と同じように等しく教育権は保障されてはいる。しかし、その健常児とは厳然たるソーシャルディスタンス。

非正規が六割（一般は約四割）を含む障害雇用労働者数は、二〇二〇年六月一日時点で五七万八二九二人であった。この数字を、全労働者数からどうみるかである。確かにそれでも雇用者数（雇用率）は以前より増えたことは確かで、しかしその実態は雇用率制度のあり方や脱法的ともいえる不当な雇用環境がそこにみてとれるのである。しかも同時に、今回のコロナ禍の不況のなかで一般労働者より障害者の失業率の方が高いといえる。だが、その失業数が一般失業者より圧倒的に少ないため、なかなか可視化されにくい。「平時」においても職場での定着率は低く、特に精神障害者の場合は半年、一年、二年の時間軸をみる限り離職者は多い。いわば回転ドアのような、その上での雇用率なのである。

こうした一連の社会現象は障害者にとって「当たり前」化された有事、それらはあたかも「平時」を装った有事の、日常なのである。日本国憲法第二五条の「生存権」保障は、「最低限度」の劣等処遇的「平時」の姿そのものである。

人類の天敵はウィルスといわれるが、人間の天敵は人間自身である。欲望と利潤の彼方に希望は見えない。

(4) 地域から「コモン」社会を進めるために

入所施設をなくすための社会的総合批判として、述べてきたように、障害児（者）がなぜ「一般」社会から切り離されてしまうのかという基本問題は、今だにその「一般」社会がすべての人を共有する「コモン」社会になっていないからである。

障害者が人として、あるいは一人の住民をしてあたり前に暮らしていける地域社会にはいまだなっておらず、「津久井やまゆり園」が神奈川県立施設として造られた一九六〇年代当時から「コロニー政策」が進められてきたからに他ならない。地域社会で住みにくい障害者の多くが隔離され、大規模収容施設の中で一生を送らされ、健常者と日常的にふれあい、交流できる「コモン社会」に代えるような施策が本来的にも何ら進められてこなかったことにある。

問われるのは、私たちが当たり前と思って働き、あるいは暮らしている社会を根本から変えることである。それに対する一つの思想的考え方として、斎藤幸平の「脱成長コミュニズム」やテビット・ハーヴェイの『資本の〈謎〉』を挙げたいと思う。二人は「ラディカルな平等主義、生産の組織化、労働過程の機能の仕方」を論じている。

（初出＊季刊『現代の理論』二〇二一年夏号）

第2章　障害者と『資本論』
——労働力商品化を止揚したコモン社会への展望

序　アソシエーション、コモン社会への展望

『資本論』の冒頭が商品の分析から始めたように、私も、労働力商品化の分析に関わる事例から始める。なぜならそれは、人間労働の労働力をも商品化した資本主義経済の基本原理の一つに関わるとともに、「富」から私的所有を通して「商品」を生み出した商品市場経済の根幹を成すからである。生産物はすべて商品を目的に生産され、利潤を追求する資本の価値増殖のために生産活動が行われる。

それではなぜ、障害者の問題を論ずる上で労働力商品化を先ずもって取り上げるのかということになろう。

それに対して至極簡単に答えれば、現代サバルタン、重度障害者は搾取の対象にすらならない、労働をもって社会に貢献できない、つまり資本主義的にいえば労働力を商品化できない存在に置かれてしまっているからだ。だが、そのことは狭義の意味での障害者の労働権、雇用政策を軽んじ捨象することを意味するものではない。

人間労働の労働力を商品化する市場経済、すなわち資本主義経済の下での社会は、障害者をはじめすべての人間をその商品市場経済の価値構造の中に包摂してしまっている。その意味でも、障害者の人間解放は人間すべての解放につながり、それはイタリアの精神病院の解体に始まり、地域で「共に生きる」社会的協同組合を生み出した。

その逆説的な一例が津久井やまゆり園事件である。植松聖は、自ら福祉をめざして入所、その大型施設の下にいる重度障害者に接して考えを変え、彼の造語である「心失者」、意思疎通ができない重度障害者を世の中の役に立たないどころか存在そのものが否定される迷惑な者とみなし、当時の安倍内閣の「安保法制」にあおられて、衆議院議長に宛てた「手紙」には「理由は世界経済の活性化」「日本国と世界のためと思い」と書いて、「殺人」を「正義」として予告通り事件をおこした。

だからこそ、この事件を含め障害者の問題も社会そのもの、つまり、現代資本主義社会そのものから問い直さなければならないであろう。したがって、解放された社会は、すなわちアソシエーション、コモンの社会ということになろう。と同時にあわせて、それは「交換論」にまで深く通底する。

というのは、資本主義は一見形式的には等価交換の経済とみえるが、それも市場によってであり、しかしその実態と本質はいたって非人間的な不等価交換（剰余労働、剰余価値）である。一方これに対しアソシエーション、コモン社会の経済は人間的不等価交換の経済、互酬性、相互扶助、純粋贈与、そのようなコモンである。マルクスは晩年『ゴータ綱領批判』のなかで、「個人はその能力に応じて働き、その必要に応じて受け取る」としている。

障害者の人間としての類的解放を考える時、本論考は障害者の具体的雇用制度あるいは総合的な社会福祉政策に留めるものではない。それは障害者の人間存在の在り方として世界観を論ずることになる。障害者諸個人のその障害の特性のありように留意しつつ、人間存在のあり方とその様式を規定する総体としての経済社会、つまりアソシエーション、コモン社会の在り方そのものを問うことになる。

そのためには、最終的にはそれらに関連するマルクス学派のアソシエーション、コモンに関わる学者研究者たちの思想と理論を私なりに紹介する。なぜならその理由の一つとしても、晩期マルクスの「エコロジーと共同体」、「脱成長コミュニズム」を論ずる斎藤幸平が指摘するように、マルクスは「共産主義」「社会主義」というよりはむしろ、「アソシエーション」を用いてそれを重視していたからである。私もその見解に同意する。そのための障害者と資本の論理である。

(1) 労働、労働力、労働力商品化の超克

スミス、リカードの労働価値説を継承しながら、マルクスはそれをさらに発展させ、抽象的人間労働と有用労働、人間の力能としての労働力、そして資本主義的生産様式における労働力商品化を規定したのだった。それによって、利潤追求を目的にした資本の価値増殖、それこそが資本の存在理由であることを明らかにした。

ここでは先ず、生産関係と生産手段の下での資本主義的生産様式の過程を具体的に説明し、その分析を試みることとする。

①事例　―商品としての帽子の生産物語

・資本の論理　その一

帽子が四つで一六〇〇〇円と帽子が二つで一六〇〇〇円。両者とも同じ帽子です。あなたはどちらの帽子を買いますか？

はい、四つの帽子の方を買います。

・資本の論理　その二

八時間で帽子を四つ作る人と、八時間で帽子を一つ作る障害者。両者ともに日給は八〇〇〇円です。あなたはどちらの人を雇いますか？

はい、八時間で帽子を四つ作る人を雇い、障害者は雇いません。

・資本の論理　その三

八時間で帽子を一つしか作れない障害者を雇わないとしたら、それは不当なことだと思いませんか？　あなた自身を非人間的だと思いますか？

いいえ、そうは思いません。当然です。

では、その障害者はどうなりましたか？

はい、障害者自立支援法の就労継続支援B型作業所に行きました。

・資本の論理　その四

八時間で帽子を四つ作る人が、日給八〇〇〇円で雇用契約を結びました。民法第八節雇用第六二三条、および労働基準法に基づき、それは合法です。あなたはこれを不当行為だと思いますか?

いいえ、そうは思いません。合法です。

・資本の論理　その五

八時間で帽子を四つ作る人を雇い、日給八〇〇〇円（労働の売り手と買い手、商品化された労働力）を支払いました。原材料や光熱費その他諸経費など五〇〇〇円がかかりました。帽子には一六〇〇〇円の値札がついています。

小学校二年生のテストです。一六〇〇〇－八〇〇〇－五〇〇〇＝?

答えは三〇〇〇円です。

・資本の論理　その六

八時間で帽子を四つ作った人を日給八〇〇〇円で雇い、原材料や光熱費その他諸経費など五〇〇〇円を支払い、それで帽子四つを一六〇〇〇円で売りました。小学校二年生の答えは正解です。一六〇〇〇円－八〇〇〇－五〇〇〇＝三〇〇〇円。三〇〇〇円はどこから生まれ、どこへいったのでしょうか？

わかりません。

・資本の論理　その七

八時間で帽子を四つ作る人に今度は日給七〇〇〇円の雇用契約をし、原材料や光熱費その他諸経費など四五〇〇円に抑えました。両者あわせて、帽子四つで一四五〇〇円の値札を付けています。帽子四つが一六〇〇〇円、そして一方は一四五〇〇円です。あなたはどちらの帽子を買いますか？

もちろん、一四五〇〇円の帽子を買います。

・資本の論理　その八

八時間で四つ作った以前の帽子よりも、アイデアを出してもっとセンスの良い帽子を作りました。以前のダサい帽子とセンスの良い帽子、同じ一六〇〇〇円なら、あなたはどちらの帽子を買いますか？

はい、センスの良い帽子の方を買います。

②考察 『資本論』の分析

すべて合理的、合法的で理にかなっている。何が問題だというのであろうか。だが、この基本矛盾を原理論的に分析したのが科学としての経済学『資本論』である。『資本論』は商品の分析から始める。

必要労働（賃金）、剰余労働・剰余価値（利潤に転化）、つまり剰余価値学説である。また雇用労働について一言付言すれば、所有関係において生産者（労働者）と生産手段が分離されていることから、労働はすなわち抽象的人間労働としての労働、人間の力能としての労働力、資本主義的生産様式としての労働力商品化となる。このような経緯もあって、残念ながら労働者には経験的に搾取を理解することなどできない。なぜなら、雇用契約に基づいてそれ相応の賃金（八時間で八〇〇〇円）を受け取り、自らの労働を「賃金」と理解するからである。それがいかに実質的な不等価交換であろうとも、形式的には等価交換と労働者にはみなされる。八時間で八〇〇〇円は自明なこととなる。

また、この場合の「労働」は健常者の平均的労働能力、社会的平均労働量でもある。さらに、価値と使用価値から抽象的人間労働と有用労働の関係についても考えておかなければならないであろう。つまり、単純労働と複雑労働の関係をもこの際考慮しておかなければならない。

一方、資本も資本間同士で競争を強いられる。他の資本に勝つためには、生き延びるためには、賃金等低コストによる価格競争に勝つか、あるいは、他の資本が生産する商品より、より良い商品を生産するかという競争におかれる。すなわち、資本主義という商品経済は資本の自己増殖を目的にした競争原理の商品経済であるともいえる。すべての人はその競争経済、競争社会から自由ではない。

なお交換論についてもここで一言追記すれば、資本主義的生産様式における形式的等価交換は非人間的実質的な不等価交換であり、それをさらに実質的等価交換へ、またさらにそれを人間的不等価交換へと発展させる未来形の経済社会、それは形式的には不平等と映るが、しかし人間的なラディカルな平等主義であるとも言える。これは互酬性、相互扶助、純粋贈与の世界観である。

ゲゼルシャフトからゲマインシャフトへの高次の未来型社会への復権が、アソシエーション、コモン社会の姿であるともいえる。つまり商品市場経済に規定された市民社会に代わって「共民社会」、市民に代わって「共民」と定義づけることができよう。

「人間の意識がその存在を規定するのではなく、逆に、人間の社会的存在がその意識を規定するのである」。下部構造の変革なくして上部構造の自立的自由はない。だが、上部構造のその自立的働きかけがなければ下部構造の変革もありえない。以上のことからもっとも肝要かつ不可欠なことは、そのためには生産手段の私的所有でも国有でもない、第三の所有としての共有論、すなわちコモンが重要である。

そのために今私たちがその限界のなかで実践すべきことは、社会連帯経済の社会的協同組合、社会的企業、労働者協同組合であり、その「協同労働」「共働」、共に働き共に生きる社会の実現。

⑵ 資本主義を超えたアソシエーション社会への諸理論

① アントニオ・グラムシ

グラムシについて検討してみよう。そのためには、松田博著『グラムシ研究の新展開―グラムシ像刷新のために』（二〇〇三年、御茶の水書房）をテキストに採用する。

グラムシは、自治体国家としてのイタリア、協同組合本家のイタリア、そしてソ連・コミンテルンと西洋先進国の政治社会状況の関係、しかも長い獄中生活の中で、独自のマルクス主義を発展させた。その特徴の第一は、イタリア社会主義発展におけるアソシエーション社会主義または協同組合社会主義、ひいては自治体社会主義の理論的形成。第二は、グラムシの社会主義像が、イタリアを通してグラムシを、グラムシを通してイタリアの社会主義像を形成することとなったことである。

それは、とりもなおさずアソシエーションと市民社会論を組み込んだ社会主義像の理論的探究である。リベラルソーシャリズム論といってもよく、反国家主義の社会主義であった。後進国におこったロシア革命の後進性とは違って、西洋の先進資本主義諸国における社会的、文化的変革、その特質はオルタナティブヘゲモニー形成論であった。いうまでもなく、ヘゲモニー国家のそれではない。それゆえ、民衆的アソシエーションに支えられた協同組合社会主義なのである。さらに一九七〇年代には、中央集権的国家社会主義のソ連モデルとは全く異なって、自治体・コムーネの意義を重視する自治体社会主義の理論的武装にまで影響をあたえることとなった。

用語の概念としては、イタリア語ではアソシエ、それはラテン語のソキオネ（仲間同士）に起源をもつ多様な派生語の一つであり、ソキオネの結合体の意は結社で、その理論的運動をも意味する。ソキオネ、イタリア語ではソキオノ、同義語にコンパーニョがあるが、これは「パンを食べた仲間」だという。「同じ釜の飯を食う」と同義語ということになろう。

このように、中央集権化したソ連の党官僚、上から政治支配を貫徹する国家体制とはあきらかに違った理論と実践、それがグラムシをへて、イタリアをして、結実していたのが自治、分権、参加型のアソシエイティブ・デモクラシーの民衆的政治文化形成の歴史であった。

日本ではCOOPというとたいてい消費者生協のことをいうのであるが、イタリアでは生産、流通、サービス、消費などの各部門を統合した強力な運動が伴って発展してきており、三大民主主義運動として政党、労働運動、協同組合運動という具合に位置付けられている。それゆえ、協同組合運動は政治運動や労働運動の副次的なものではなく、資本主義社会のシステムを再編・変革、したがって民主的社会変革の有機的構成部門を形成して、かつ、将来社会の萌芽を育てるオルタナティブ運動の一翼を担い、さらには民衆の自主管理、自己統治能力の育成を強力に推し進めるものとして位置づけられてもいるのである。このような、もはや、既存の社会主義とはまったく異なった非国家主義社会主義の知的探究とも強く結びついていることをうかがわせる。

協同組合に期待されるこうした理念と実践は、第一に労働者中心主義ではなく、第二に反資本主義イデオロギーの徹底である。

イタリアでは一九世紀中葉の国家統一の運動期に、協同組合社会主義とほぼ同時期に形成された自治体社会主義と呼ばれる思想的、理論的潮流をルーツに持つ。それらは国家転覆ではなく、国家の改革が社会主義諸運動の共通の課題であった。

ここまで見てくると、協同組合には現実において二つのタイプがあることがわかる。一つは、下から作る「社会変革的協同組合」であり、また一つは、上から作る「保護主義的協同組合」である。さらに、協同組合の対象分野が生産、流通、サービス、消費などを総合的に包含したタイプと、各対象部門を縦割りにした非統合的個別主義とになっている。

つまり、「社会変革的協同組合」かそれとも「保護主義的協同組合」か、あるいは、「統合主義的協同組合」かまたは「個別主義的協同組合」かということになる。一口に協同組合といっても、その運動の位相には社会化と政治性、あるいはそのダイナミズムにおいて大きな隔たりもあるだろうが、この点に関して、日本でもイタリアから学ぶべきところは大いにあると思われる。ただその点についてはイタリア固有の「自治体」という事情もあることはたしかである。

それでは次に、その自治体ということについて考えてみたい。イタリアでは、自治体が、労働運動や協同組合運動をはじめ、広範な社会運動に支えられて、またそれらを支援するという関係から、それに基づいた新たな社会改革の提起にもなり得るという自治体への自覚も生み出された。その意味で、自治体が、イタリア社会主義にとっての実験室となったのである。

これは、アソシエーションの体系としての市民社会論と結合し、自治、分権および参加型の市民社会主義像を形成したともいえる。それによって、いわば彼岸の社会主義像から此岸の社会主義像への転換がはかられたといえなくはない。

ここで、ヘゲモニー国家という意味でのヘゲモニーとはまったく違う意味で、グラムシはヘゲモニー論について、「国家は、一般に政治社会、すなわち所与の時代の生産様式と経済に人民大衆を適用させるための独裁または強制措置として理解されていて、政治社会と市民社会との均衡、すなわち、教会、組合、学校等とのいわゆる民間組織を通じて、国民社会全体に対して行使される社会集団のヘゲモニーとしては理解されていません」（『獄中からの手紙』大月書店）と、のべている。

まさにグラムシ思想の核心的部分である。グラムシの人類史的歴史観には、国家の終焉、政治社会の市民社会への再吸収、自己規律的（ソチエタレボラータ）の形成が理論的に契機としてふくまれている。

この場合の「政治社会の市民社会への再吸収」の市民社会が、まさに私が言うところの「共民社会」であり、ポランニーが言うようにマルクスにあっては「人間的社会」なのである。（「マルクスの『ある』と『あるべき』」参照）なぜなら、マルクス自身が言うように、近代国家を市民社会の自己疎外ととらえていたのである。

さらにグラムシの革新的思想を再確認しておけば、国家の目標としてこの国家自身の死滅、終焉を主張し得るような、つまり、「政治社会の市民社会への再吸収」を国家目標としての原理的体系であることを確認する、と指摘しておけば十分であろう。

②カール・ポランニー

次にポランニーの『経済と自由』（二〇一五年、ちくま学芸文庫）をとりあげる。

「あらゆる剰余価値から解放された経済においては、供給と需要が生産と分配を調和させる調節弁として機能する。そこでは、適正な賃金とは言えないような「企業家の利潤」は存在しない。また、いかなる危機も存在しない。というのも、価格はもはや隠蔽された剰余価値を実現するのではなく、ただ、等価な労働価値を実現するだけだからだ。そして、生産と社会的需要を対立させてしまうような「利潤経済」の倒錯は、社会の利益を当該社会に内在的な仕方で保障する装置へと転化する。

このような体制の社会においては、自由な協働が共同労働の一般的形態になる。自律的な協同組合（ゲノセンシャフト）の有機的構造の内部では、消費・生産組織が市場そのものを編成し、さらにあらゆる卸売商業、すべての投機、そしてその他のいかなる寄生的機構をも完全に閉め出すにいたる。この構造は機械的ではなく、あくまで有機的なものである。この社会の成員構成範囲の中で、自身が占める位置を見通すことができる。さらに彼らには、生き生きとした体験から、利己的な経済的衝動と並んで利他的な協働意欲がわき、これらの誘因を常にあらためつつ、個々の人格を全面的に保ったままでそれらを維持し育むことが可能とみる。」

このように、資本主義経済における価格によって隠蔽された剰余価値、利潤から自由になって、等価な労働価値を実現するための消費・生産協同組合に期待をよせている。そして、さらに自由社会主義者として、協同組合的社会主義を次のように説明している。

「協同組合的社会主義は市場経済と同義である。ただし、それは価格に隠蔽された剰余価値の搾取を実現する場としての、資本主義的な利潤追求経済の無秩序な市場ではない。そうではなくて、自由な労働の等価な生産物によって有機的に構成された秩序を持つ市場である。」

「自由社会主義にとってはただ自発的な協同組合があるのみで、それ以外のものには認知しないのである。」

ここからわかるように、ポランニーは自由社会主義＝協同組合とを一体なものとみている。

そして、自由社会主義と市場について簡潔に、

「自由社会主義が、自由で協同組合的な市場経済の原理と矛盾しない範囲で、主要な機械

制生産手段の社会化を喫緊の措置として捉え、これを要請していることを指摘しておけば十分である。」

そして、興味深いのは、ポランニーは、共産主義と世界革命とを区別し、その上で「偉大な世界革命」の意味を明らかにしている。

「これを可能とするためには、あらゆる戦争と革命についてまわる非常事態の共産主義と本来の意味における偉大な世界革命との混同をやめる必要がある。そもそも世界革命とは、共産主義などでなく、世界中の、解放された土地に依拠する自由な労働者たちにより、待ち望まれた自由な協同組合が創造されることなのだ。」

続けて、ポランニーは自由とアナーキズム、社会主義を関連付けて「今、求められているのは」と結論づけている。それが次の文章である。

「今、求められているのは、自由主義が前時代の政治などではないこと、そしてアナーキズムが未来の政治ではないこと、そうではなくて、両者に共通する理念の内実こそが今日の現実を作り出しているのをはっきりと認識するべきだということである。」

今、求められているのは、自由とアナーキズムを掲げた社会主義者による一〇〇年におよぶ要求が――ユートピア的形態においてではなく、現実政治が求める実質に則した形で――ようやく満たされようとしているのをはっきりと理解すべきだということである。世界革命は、共産主義ではなく自由な社会主義を実現するのだ。

今、求められているのは、協同組合と共産主義とが相容れないという事実を最終的に認めることである。というのも協同組合は、自由な共同労働と自由な交換が、ともに行われるところでのみ存続可能だからだ。

以上が、ポランニーの資本主義から自由社会主義、すなわち協同組合とを一体化させた重要な思想である。

③デヴィッド・ハーヴェイ

やはり、同じ地平に立って資本主義あるいは既存の社会主義を批判したハーヴェイの『資本の〈謎〉―世界金融恐慌と21世紀資本主義』(二〇一二年、作品社)をとりあげる。さっそく引用すると、

「私的所有と市場の諸制度によって媒介されると、ラディカルな平等主義は貧困者のホームレス状態をつくり出し、金持ちには高級住宅のゲーティッド・コミュニティをつくり出す。」

ハーヴェイが本来強調している「ラディカルな平等主義」は、ここで使われている「平等」とは意を異にしており、「私的所有と市場の諸制度によって媒介される」限りにおいてであり、著者自身の『新自由主義』（二〇〇七年、作品社）の新自由主義批判として理解すべきところであろう。また、国家との関係については、

「私的所有と国家（国家は社会的所有の制度的形態を維持し保護することに専念してきた）は、資本主義の存続にとって決定的な二本柱であった。」

そこで、ハーヴェイは、反資本主義に対する基本的な見解と、あわせて、既存の社会主義に対する批判も忘れなかった。ハーヴエイの思想と唯物史観に対する考えも明らかになっていく。

「自治と労働者自主管理の構図はここでは理にかなっているのであり、それがその他の諸領域と民主主義的な形で結びついている場合にはとりわけそうである。同じことは、われわれがラディカルな平等主義の諸原理を日常生活の行為と結びつける場合にもあてはま

る。」

NPO法人共同連が「共生・共働」の社会的事業所づくりの運動をしていることから、特に、「その他の諸領域と民主主義的な形で結びついている場合」および「われわれがラディカルな平等主義の諸原理を日常生活の行為と結びつける場合」という見解は非常に納得がいく。そしてさらに私にとつてハーヴェイのことばが胸に落ちるのは、

「社会的諸制度の領域で、ラディカルな平等主義がラディカルに平等主義的な形で機能するためには、所有のまったく新しい概念、すなわち私的所有の権利でなく共同所有の権利というまったく新しい概念が必要になるだろう。」

このくだりは私にとって当を得た見解である。共生社会（主義）の生産手段の所有論は、私有でも国有でもない、まったく別の共有論を徹底させたものに他ならないからである。私有から国有にひっくり返しただけの国家社会主義では、もはや答えはでている。だから、もう一つ別の答えを探さなければならない。それが次の文章である。

「同じように、ラディカルな平等主義、生産の組織化、労働過程の機能の仕方、この三者の連結性（コネクティヴィティ）はワーカーズ・コレクティブ（労働者の協同事業体）、アウ

トノミア組織、協同組合、その他さまざまな社会的給付の集団的形態によって提唱されている路線に沿って練り直されなければならない。」

「その他さまざまな社会的給付の集団的形態」とは、まさしく、私たち共同連が進めているＷＩＳＥとしての共生・共働の社会的事業所にあてはまるものと考えられる。たとえ協同組合というシステムをとっていなくても、その理念と実践においてはむしろそれ以上の取り組みをおこなっているといえるであろう。

最後に、資本の「謎」と資本主義、唯物史観について検証を進めてみたい。ハーヴェイは、次のように論じている。

「このことの政治的必然性を理解するためには、まずもって、資本の謎（ユニグマ）を解き明かさなければならない。いったんその仮面が剥がされ、その神秘性が暴かれたならば、何をなすべきなのか、なぜなすべきなのか、どのように開始するべきなのかをより容易に理解することができるだろう。資本主義はひとりでに崩壊することはない。それは打倒されなければならない。資本蓄積はけっして停止することはない。それは止めなければならない。資本家階級は決してその権力を自ら進んで放棄したりはしない。それは奪い取らなければならない。

なさねばならないことをなすことは、粘り強さと決意を、忍耐と抜け目のなさを必要とするし、それとともに道徳的憤怒から生まれた激しい政治的献身を必要とする。その憤怒は、搾取的な複利的成長が、地上における人間およびその他の生命のあらゆる側面に行っていることへの怒りである。このような課題にふさわしい水準の政治的動員は過去になされたことがある。そのような動員は間違いなくもう一度起こすことができるし、起こるだろう。清算すべき時期はとっくに来ているのだ。」

私にとっての資本の「謎」は、まさに「不等価交換システムとしての資本主義」でありながら、市場は、そして貿易は一見等価の交換でかつ公正であるかのようにみせつつ、しかしその一方では、その不等価交換の隠蔽された内在的根本矛盾が貧困と富の格差を確実に拡大させて、いつその矛盾が爆発してもふしぎではない状態に置かれておりながら、資本家階級は、その事態に対して政治的対応をかろうじて取り続け自らの権力を手放そうとはしないことである。しかも、資本はあたかも自己運動をしているかにみえ、それを続け、自壊はしないということである。資本主義システムとはそういうものなのであろう。

かつ、物象性論からみても、搾取されているにもかかわらず、労働者はその搾取を経験的に可視化することが皆無に等しく、むしろ資本主義的イデオロギーを自然的に常識化して、雇用労働それ自体が当たり前なものと考えている。

また、唯物史観についてもハーヴェイのそれは、然りであろう。唯物史観を「導きの糸」とした宇野弘蔵にも相通ずるところがあるのではなかろうか。資本主義から社会主義への移行が歴史的に必然だとする唯物史観のドグマ、そうではなくて、そうであるからこそ、ハーヴェイは「資本主義はひとりでに崩壊することはない。それは打倒されなければならない。資本蓄積はけっして停止することはない。それは止めなければならない。資本家階級はけっしてその権力を自ら進んで放棄したりはしない。それは奪い取らなければならない。」と力説している。が、だからといって、政治的階級闘争一辺倒の、権力奪取のみを自己目的化したような、しかしそれも結局のところ、仮に権力奪取に成功したとしても、それは中央集権的国家社会主義を結果的に生みだすだけである。そうならないためにも、ハーヴェイが言うように、アソシエーション・協同組合の理論と実践、その創造を今から取り組んでいかなければならない。

ここで今一度唯物史観について振り返っておくのも有効であろう。資本主義のはじまりを、一二～一三世紀から、あるいは一六～一七世紀から、さらには一八世紀からの産業革命以降とする見方はそれぞれあるが、とりあえず唯物史観との関連で佐藤優氏の『いま生きる「資本論」』（新潮社）からとりあげておくのも大変興味深い。

「グリーンランドの例を見るとよくわかります。外部に原因があったのです。グリーンランドって、文字通りグリーンランド（緑の土地）だったんですよ。一五世紀くらいまでは、樹々も草花もたっぷりあった。小麦もできていた。ところが、地球が一六〜一七世紀に急に寒くなったんです。グリーンランドは氷河で覆われてしまった。それによってヨーロッパ全域で毛織物が必要になり、大流行になった。羊毛でセーターをつくる、コートをつくるということがすごいビジネスになりました。そのためにイギリスでは農家を全部追い出して羊を飼い始めた。これが第一次エンクロージャー運動、囲い込み運動ですよね。追い出された農民たちが都市へ流れ込んできて、二重の自由を持つ近代プロレタリアートが生まれたのです。」

以上のように、佐藤氏によれば、異常気象から第一次エンクロージャーが起こったという外部環境にその原因の一つを求めていること、そのことと唯物史観の公式とがどのように資本主義の発生を説明するかは大変興味深いところである。

また、ウォーラーステインが『近代世界システム』で展開したように、一見、非資本主義的な地域または国であっても、すでに世界分業の中に組み込まれている以上は当然それも資本主義なのである。その意味でも、日本資本主義論争をめぐる講座派と労農派の対立はいうまでもなく労農派の方が正しいといえる。

あるいは、世界史の発展段階論においても、すべての地域または国が必ずしもアジア的、古代的、封建的、資本制的発展段階を、総じて一律に通過してきたというわけでもない。それはまさしく地球規模においてのそれであって、したがってそこからいえることは、唯物史観の正当性がそれで損なわれるということにもならない。といって、繰り返すまでもなく、資本主義から社会主義への移行が歴史的に必然だとするドグマには、私は与みできない。その意味でも、生産手段の私的所有と生産の社会化の関係については根本から問い直さなければならないであろう。

④ 柄谷行人

次に、柄谷氏の『世界史の構造』（二〇一五年、岩波書店）をとりあげることとする。柄谷氏は、世界史を、つまり社会構成体の基礎を生産様式ではなく交換様式から見るべきであるとしている。同様に、『資本論』についても、古典派経済学者や正統派マルクス主義者たちとも違って、生産過程から流通過程にその軸足を置いている。それゆえ、生産過程に対する過度な重視と流通過程の軽視が、資本の蓄積過程に対応した対抗軸としての運動を損ねてきたと主張している。

ところで、柄谷氏がこのように交換様式を世界史から分析していることに対して、私は、近・現代の資本主義からその分析を始めているのであって、「不等価交換システムとしての資本主義」を問題にしているのである。それを「否定の否定」の弁証法によって、主体的に高次の「人間的不等価交換論」の可能性についての、互酬性、相互扶助、贈与の哲学と経済学にそれを見出そうとしているのである。私としてはおそらく、柄谷氏もそれを「交換様式D」、すなわちアソシエーション・協同組合としての「交換様式D」とは、国家社会としての「交換様式B」と産業資本主義としての「交換様式C」によって抑圧された氏族社会としての「交換様式A」を高次元で回復したものであるとみていると思われる。その「交換様式」の関係性を概観しておこう。

交換様式A↓互酬性（贈与と返礼）、ネイション　ミニ世界システム
交換様式B↓略取と再分配（支配と保護）国家　世界＝帝国
交換様式C↓商品交換（貨幣と商品）資本　世界＝経済（近代世界システム）
交換様式D↓X世界共和国

ネイションとは、商品交換の経済によって解体されていった共同体の創造的回復に他ならな

い。ネイションは空想ではなく創造である。道徳感情、共感、同情である。

それではまず、生産様式ではなく交換様式・流通過程について検討してみよう。資本の蓄積過程としては一般的には資本は貨幣と同一視されるのだが、マルクス『資本論』においては、資本は自ら変態を通して自己増殖するのであって、主体が貨幣、生産手段の不変資本、可変資本（労働力）、商品という変化の過程で、利潤増殖をなしとげるのである。

労働者と資本家が出会うのは三つの局面、すなわち雇用契約を結ぶとき、生産労働をするとき、その生産物を消費者として買うときである。なかでも二〇世紀に入ってからは第二の局面である労働組合やその運動が次々と合法化され、その多くは経済闘争へと変化していった。あわせてルカーチが言うように、労働者階級が物象化された意識に陥っていること、したがって労働者が階級意識に目覚めて政治闘争に向かうということにはならない。労働者は雇用契約を結んだ以上は強制的に生産に留まらざるをえない。拒否はできない。

ところが、奴隷は消費者にはなれない。消費者とは、プロレタリアが流通の場において現れる姿だという。労働者の生産点運動には限界があるが、労働者が消費者として資本家に出会い、向き合うことができる局面である。しかも資本家から買うことを強制されない。だから、流通過程の闘争としての不買運動は有効であるとする。消費者運動はまさにプロレタリアの運動であり、またそのようなものとしてなされるべきであるという。市民運動であれマイノリティやジェンダーの運動であれ、それら労働者階級の運動と別のものとみなすべきではない。流通過程においては、資本はプロレタリアートを規制できないというのである。

柄谷氏のこうした見解によれば、たしかに、労働者が生産点のみに闘争の拠点を置く時代でもないといいえる。資本主義的矛盾は社会全体を覆っているからである。それゆえ、それだからこそ、市民運動、社会運動、とどのつまり、労働者自身も社会的相対関係の中で、社会問題に向き合って対応するのも必要であろう。なぜなら、資本家と労働者の対立が経済闘争という生産性の中に完結させられてしまうからである。だから外部注人論の「知識人」とともに、むしろ、市民運動、社会運動のほうがより「知識人」になりうるかもしれないのである。

ただし、不買運動が怒りの表現・糾弾、あるいは社会への啓発、企業行動の是正という面では大いに効果があるところではあるが、たとえば森永ヒ素ミルク事件で不買をしても明治製菓があり、フォルクスワーゲン社をボイコットしてもトヨタ社があるといった具合で、柄谷氏も過度に流通過程としての消費者運動に傾きすぎているかのように思われる。総資本を守るためなら、国家は個別資本を犠牲にすることだってあり得るからである。生産拠点闘争か、あるいは流通過程の闘争の二者択一ではないだろう。その意味でも、生産拠点闘争を第一にしながら、しかしそこにおいては市民運動、社会運動とともに、労働力商品化市場であるがゆえに働けない障害者の労働問題、および労働者生産協同組合、ワーカーズ・コレクティブなどの自発的、自立的共同労働の価値にも触れるべきであろう。それによって、雇用労働者は自らの労働のありかたを問い直すことになろう。賃上げや労働条件の改善ばかりではなく、である。それも生産拠点闘争の一つではなかろうか。

といって、おそらく、雇用労働者がそれらの現実を見たら躊躇するであろう。そのような協同労働の不安定性、小規模で所得水準も決して高いとはいえない。それも、資本主義的自由競争、市場競争が現実だからであり、社会的事業所、社会的企業の壁の外は市場競争、壁の中は非市場なのであるから、それは否めない。なぜなら、世界システムの中で一国社会主義が成り立たないのと同じである。だから、それは、今、人間らしく働くことを実感して生きることを選ぶのか、そして同時にそれが未来への「モデル」であるということの可能性の自負心が開けるかでもある。少なくとも、オルタナティブなアソシエーション・協同組合はそれだけの価値はあるはずである。

それにひきかえ、いずれにしても労働者は資本家・経営者との対立はさけられない。あるいは労資協調と見えようとも、結局、労働力商品化では労働者は資本家に依存・隷属せざるをえない。イギリスの諺に、工場の門の前までは民主主義だが、門の中は民主主義ではないという内容のものがある。雇用労働者は自由ではない。もし自由があるとしたら、倒産か解雇、もしくは退職だけである。自らをみじめに思うかどうかは別だが、客観的にはみじめである。柄谷氏は、そのみじめさを超える「交換様式D、X」としてアソシエーション・協同組合を考えている。それに照応したものが「世界共和国」であるという。

さらに話を前に進めると、カント、ヘーグル、マルクスではなく、カントとマルクス、言い換えればカントと資本主義そして「世界共和国」となる。もちろん、『資本論』が書かれた「時代」だから『資本論』が書けたのであって、それ以前でも以後でも『資本論』は誕生しなかったであろう。その意味で、カントから資本主義を全面展開するのは柄谷氏自身でもある。それゆえ、ここでは柄谷氏のカントに沿って論を進める。最終的には、「道徳法則の目的国」「諸国家連合」「諸国家連邦」、そして「世界共和国」に至る。

柄谷氏がこれほどにカントに接近した理由は、と思われるのは、マルクスの社会主義がなによりも道徳的問題であることが一般的に無視されているという反省から、ヘーゲルを飛び越えてカント、そのカントとマルクスを一体のものとして理論設計し直したものと理解される。そのことは、ホッブスのような超越的な権力「国家」を持つことによって平和状態を創設するという考え方、これもまたヘーゲル的でもあるが、これに対してカントは、永遠平和への道筋を世界国家ではなく諸国家連邦に見出したゆえ、それを拒絶した。カントは、ホッブスやヘーゲルのような「交換様式B」に基づくものではない。ヘーゲルに対するカントの批判も、これが逆説的でわかりにくいのだが、カントは諸国家連邦を構想しつつそれが人間の理性や道徳性によって実現されるとはまったく考えておらず、それをもたらすのは人間の反社会的社会性、言い換えれば、戦争だと考え、ヘーゲルの理性の巧知に対して、カントのそれは自然の巧知とした。ヘーゲルの平和への考え方はホッブス同様、世界を支配する強力なヘゲモニー国家がなければならないとした。世界国家である。

ただ、柄谷氏は第一次世界大戦後に国際連盟ができ、第二次世界大戦後に連盟よりより良い国際連合ができたと評価し、国際連合の改革を求めている。だが、現在の国際連合はそもそも第二次世界大戦の戦勝国の連合を目的にしたものであって、現実にはヘゲモニー国家の争いの場にもなっている。氏のカント論に従えば、国連の改革に失敗してもし第三次世界大戦にでもなれば、むしろその後においては今以上の「諸国家連邦」に近づくとさえ聞こえてくる。私の解釈が、いささか単純化しすぎであろうか。ということから、いずれにしても、カントとマルクスである。

カントの道徳法則とは、柄谷氏によれば、労働力商品の揚棄を含意にもつものであり、労働者（人間）を資本増殖の手段としてではなく、目的にしようとしているからである。カントの普遍的道徳律、道徳法則は、他者を手段としてのみならず、同時に目的として扱うことである。資本は自己増殖を目的にしているため、結果、労働者（人間）を目的にではなく手段にしてしまっているのである。

柄谷氏が、ヘーゲルを飛び越えてカントに戻った理由の一つはそこにもある。

そこで、カントは、他者を手段としてのみならず同時に目的として扱うという道徳法則が実現される社会を「目的の国」と呼んでいる。それは当然、資本主義が揚棄された状態である。宗教を批判しつつ、なおかつ、カントは宗教の倫理的革新、「交換様式D」を抽出する課題を想定していた。

しかし、「目的の国」は一国の下だけでは実現できない。「目的の国」が実現されるときには必然的に「世界共和国」となっていなければならない。カントは、この「世界共和国」を人類史が到達すべき理念として論じている。

さらに、カントの『永遠平和のために』についていえば、そこでは諸国家連邦という構想が示されているのだが、それは単に平和のための提案というだけではない。「永遠平和」とは、単に戦争の不在としての平和ではなく、一切の敵意が終わるという意味の平和である。それはもはや国家が存在しないことである。すなわち国家の揚棄を意味するのである。したがって、その道徳法則に基づいて国家を揚棄して世界市民的な、道徳的な共同体、すなわち「世界共和国」であり、「世界共和国」は国家と資本が揚棄された社会を意味する。

ここで柄谷氏の社会主義に対する考え方を簡単に述べておく。

社会主義とは、「交換様式A」の互酬性的交換様式を高次元で回復した「交換様式D」であり、アソシエーショニズムを核心とする。社会主義は国家を否定する社会であり、資本＝ネイション＝ステイトを超えることである。アソシエーション国家、道徳法則の目的国、そして世界共和国である。

最後に、贈与と分配、再分配の関係について触れておきたい。

というのも、贈与とは、贈与者と受贈者の関係が直接的でかつ水平的であって、しかも自発的で、いっさいの見返りを求めない純粋贈与ということになる。しかし、それですべての経済や社会が平等に回っていけるのかというと、私には疑問が残る。地球規模で考えた時にはなおさらで、ただ贈与だけでは順調に進まないのでは、どこかで調整する分配ないしは再分配機能が必要ではないかということである。共有する情報や社会インフラのありかたを考えたときにも、それなしにはむしろ善意の不平等が生まれかねない。原理は当然贈与であるが、それに加えて、その他互酬性、相互扶助、分配ないしは再分配等を、立体的かつ総合的に組み合わせてもよいのではないだろうか。私の「人間的不等価交換論」は、柄谷氏が言うように分配的正義ではなく交換的正義と同様なのである。

当然再分配について柄谷氏が批判するように、私も批判する。その批判とは、ジョン・ロールズが、福祉国家主義を積極的に根拠づけようとして、経済的格差に反対し、富の再分配をアプリオリに道徳的な正義という観点から基礎づけようとしたことである。それはトマ・ピケティにも相通じる。なぜなら、本来、経済的社会的格差を再生産するシステムそのものを止揚しなければならないからである。

また、ＯＤＡの問題もしかりである。海外援助といっても、所詮自国の利益に則した政治的思惑がそこに秘められているからである。そのようなことを十分認識したうえで、私は、「贈与」だけですべてが乗り越えられるかということに、いささか不安と懸念を持っている。

⑤斎藤幸平

人間的不等価交換とは、人間と人間との関係性において、私が理想理念とするところは「人間的不等価交換」である。だから、能力のない者が能力のある人以上に受け取るということも場合によってはあり得る。

ところが現実のこの社会、特に経済は、「形式的には等価交換」として表象しながらも、むしろその実態は残念ながら「非人間的不等価交換」となってしまっている。現代経済ではこれを剰余労働、剰余価値、利潤としてしまう。

親鸞は、『歎異抄』のなかで「慈悲」についてこう説いている。慈悲とは人にかけることではなく、一方的にではなく、我も汝になることであって、我と汝が一体化すること。これを「絶対平等」という。それが念仏である。「人間的不等価交換」も、そう読めないだろうか。

コモンと脱成長コミュニズム

斎藤幸平は「人新世の『資本論』」のなかで、「近年進むマルクス再解釈の鍵となる概念の一つが、『コモン』、あるいは『共』と呼ばれる考えだ。あるいは『コモン』とは、社会的に人々に共有され、管理されるべき富のことを指す」と定義づけている。つまり初期マルクス思想における共産主義、社会主義というよりはむしろ、晩期マルクスにおいては「エコロジーと共同体」の研究に基づく「コモン」であり、それが脱成長コミュニズムとしてのコモン社会である。だからこそ、私もコモン社会への展望に期待を寄せるところである。

斎藤幸平は、資本主義経済を科学的に分析した『資本論』について、まず、富から私的所有によって商品経済が開花したと分析し、そして晩期マルクスは「エコロジーと共同体」研究に進み、脱成長コミュニズム、すなわちコモンであるとしている。

特に「人新世の『資本論』」の第七章「脱成長コミュニズムが世界を救う」では、『資本論』

の真の構想に関連して次のような五項目に収れんさせている。一つめは使用価値経済への転換、そして労働時間の短縮、画一的な分業の廃止、生産過程の民主化、エッセンシャルワークの重視である。

これらはコモン経済、コモン社会の根幹を成すといってもよい。そのためのコモンの構想であるといえる。こうした視点に立つにあたっては、当然マルクスの資本主義的商品経済の批判的基礎を成すといっても過言ではない。

マルクスは、資本は「お金」ではなく、工場や機械や商品のような「物」でもないという。マルクスは資本を「運動」と定義づけている。自動化された資本の運動が社会全体を覆うようになると、人間も自然もその運動に従属して、利用される存在に格下げされてしまう。再現なく価値を増殖して資本を蓄積していく運動に呑み込まれ、人間も自然もその歯車になっていく。こうして、「人間と自然の物質代謝」は大きく攪乱されていくとしている。

だからこそ、脱成長コミュニズムとしてのコモン経済、コモン社会が展望されるところである。

資本主義からアソシエーション・コモン主義へ

斎藤幸平が「人々はおのおの能力に応じて人々に与え、必要に応じて人々から受け取ることができる。」といっているのは、これは私がいうところの「人間的不等価交換」と同じ意味ではなかろうか。この根本思想は晩年のマルクスの『ゴータ綱領批判』、「各人はその能力に応じて、各人にはその必要に応じて」によって立つところとみてよかろう。これをアソシエーション・コモン主義思想と言い換えることもでき、したがってそれは、資本主義的商品市場経済が一見かつ形式的には等価交換であるかのように見えながらも、しかしその実態はむしろ非人間的不等価交換であるのとは全く違う。この否定の否定がコミュニズムの贈与と相互扶助、言い換えればアソシエーション・コモン主義の社会である。

すなわち、生産手段をコモンとして専有すること。それは、資本主義的私的所有とも社会主義的国有とも明らかに異なる。コモンとは、独占所有を否定した「共有」、「共」の共有財産のことであり、生産手段と地球をコモンすることに他ならない。

本稿では、斎藤幸平が最近出版した「ゼロからの『資本論』」をベースに論じている。まず、「物質代謝としての労働」については、人間は他の生き物と同様に絶えず自然に働きかけ、様々な物を産み出しながらこの地球上で生を営んできた。こうした自然と人間との相互作用を、マルクスは生理学の用語を用いて「人間と自然との物質代謝」とよんだ。

しかし他の生き物と違って、人間の労働は何が特殊か？　それは人間だけが明確な目的をもった意識的な労働を介して、自然との物質代謝を行っているという違いである。人間は単に本能に従って自然と関わっているのではない。そしてもう一つ重要なことは、人間と自然との物質代謝は循環的であって一方通行で終わるものではないが、しかしその基本矛盾が資本主義的生産様式によって今や地球と自然を崩壊させて気候変動の危機を招いている。マルクスが労働者階級の搾取を経済科学的に立証したことはいうまでもないが、物質代謝という人間と自然の本源的な関係をも重視していたことも確かである。そうしたことから、マルクスは資本主義の特殊性を明らかにした。

また『資本論』は商品の分析から始まるが、しかし実は斎藤幸平は富そのものから始まるとしている。つまり、資本主義社会のもとでは「富」は商品という形で表れるとしている。したがって、歴史的に特殊な資本主義社会における労働は商品を生産するための労働となる。それゆえに、商品を生産する労働とは何かという分析が重要となる。労働による生産物は全て商品であり、その商品を生産する労働、労働力もまた商品化されて「労働力商品化」とならざるをえない。逆説的に飛躍して言えば、だからこそ、私は障害者の労働力は「商品」になるのか、搾取の対象になり得るかの問題が発生すると考えている。

そこで、ところであえて論点を若干ずらして言えば、障害者にとっての労働も生活も必ずしも障害当事者のみに限定された問題になりうるかという疑問である。根本は、すべての労働者に関わる「労働力商品化」ではなかろうかという結論に達する。資本主義そのものを問うべきではなかろうか。

価値増殖を目的にした資本の「運動」は、人間を振り回すこととなる。価値のために物を作る資本主義の下では、結局、人間は物に振り回され支配されるようになる。この現象を、マルクスは「物象化」という。人間が労働して作った物が商品となって、その商品の力で人間の暮らしや行動を支配するということに結論づけられる。その支配が障害者を一人のふつうの人間にさえしなくなる。

以上、歴史的に特殊な資本主義社会を超克するためには、生産手段の私的所有でもまた国有でもない、共有、すなわちコモンである。当然、障害者もコモン社会の一構成員になりうる。「共生」の言葉泥棒達にだまされてはならない。

コモンの漢字表記

「人間」という漢字は「人」の「間」と書き、その関係性を意味する。社会的世間的な関係の間の存在者。そして、「人」という漢字は大きな長い棒が、小さな短い棒に支えられて立っている。それが「人」文字である。

ちょっと、待って！　長い棒が短い棒を支えているのではないか。そうかもしれない。だが、長いも短いも両者双方が互いに支えあい、両者があって初めて「人」という文字になる。「人間」

とは本来コモンであろう。

「富」から私的所有によって「商品」経済が開花し、その資本主義経済を科学的に分析したマルクスの『資本論』。晩期マルクスは「エコロジーと共同体」研究を進め、「脱成長コミュニズム」すなわちコモンである。特に、『人新世の資本論』「第七章　脱成長コミュニズムが世界を救う」では『資本論』の真の構想が大きく五点にまとめられている。使用価値経済への転換、労働時間の短縮、画一的な分業の廃止、生産過程の民主化、そしてエッセンシャルワークの重視である。これらはコモン経済、コモン社会の基礎を成すといってもよい。そのためのコモンの構想であるといえる。

（初出＊季刊『現代の理論』二〇二一年秋号。「諸理論」については、拙著『アソシエーションの政治・経済学』から一部再録し大幅に加筆した）

〔Ⅳ〕障害者の政治参加

(1) 共生・共育・共政の二一世紀に向けて

堀　利和

政治家や議員になることなど全く考えてもいなかった私は、八六年の参議院全国比例選挙に出馬することとなった。というのも、八一年の国際障害者年の年に、当時の総評労働組合国民生活局が「障害者と労働者の連絡会議」を呼びかけ、障害者運動を行っていた私もその連絡会議の一代表のメンバーとなった。またそれを通して社会党中央本部の役員とも交流した。

そして、その後連絡会議では障害者を参議院全国比例選挙に出そうという話が持ち上がり、「政策決定の場に障害者をだそう」という理念で候補者を私にすることになった。それが八六年の選挙。

当時の全国比例選挙のしくみは、政党が当選名簿の順位を決めて臨むものであり、現在の選挙のような個人名を含めたものではなく、投票は党名のみを投票用紙に書く方式。私は一二番めで、当選者は九人だった。私は落選した。

選挙戦は党名選挙であったが、私にとっての選挙目標の一つは、「障害者を政策決定の場に」であったから、あえて私は仲間やその関係者に向けて、私の名前の入ったビラとポスターを作り配布した。そこには選挙のキャッチフレーズとして「自分で発言」と大きく示した。

この選挙の時に妻は「政治家、議員」になることに反対で、長女が生まれる産休中であったので、実家に帰った。結果、私は一人生活で一人選挙運動に取り組んだ。

その後八九年に再び、立候補することとなって、なんとか当選名簿内に入り当選できた。結果、参議院議員を二期務めることができた。

ところが一期目の当選後次女が生まれ、おそらくは珍しく国会議員としては共働きというこ とになった。同時に妻も残業があり、その度ごと保育園仲間の親や近所の方に時々二人の娘の送迎から夜遅くまで面倒をみていただいた。今さらながら感謝の限りである。私が保育園に迎えの場合は、夕食は居酒屋で済ませたりもした。いずれにせよ、共働きの国会議員にとってはとても大変であった。

私には視覚障害と共働きという、いわば二重の「ハンディキャップ」があった。

さて、話を元に戻そう。議員になったばかりの九〇年代から、全国をできる限り回って障害者の仲間たちに自治体選挙に出ようと訴えた。

八一年が「社会への完全参加と平等」の国際障害者年であったから、これからは政治参加だと思った。特に九五年の統一地方選挙に向けて力を注ぎ、それによって仲間の十数名が立候補し、全国各地で十名余がみごと当選した。その成果をなんとか書籍で残したいと思い、現代書館出版社にお願いして発刊したのが『生きざま政治のネットワーク　障害者と議会参加』。帯には「共生・共育・共政への二一世紀に向けて」と書き、裏表紙の帯には本書からこう引用した。

「私たちは『障害』を売りものにしたり、同情や哀れみをかおうとしているのではない。障害者の政治参加についても、選挙活動に際しても、市民として健常者と対等に障害者の立場を訴えているに過ぎない。自ら生きてきた体験、日々生活の中で感じている不合理、そうした諸々の事柄を、代弁者を通さず、直接「自分で発言」するのである。それはまた、民主主義の原点ではないだろうか。市民参加の本来の政治の在り方ではなかったろうか。」

一九九五年、二九年前のことである。

⑵ 盲導犬と共に活動した　ある視覚障害者議員の誕生から引退まで

藤田芳雄（元新潟県長岡市議）

盲導犬との暮らし・始まり

私は一九九九年（平成一一年）に新潟県長岡市議として初当選した。その前年、私は以前から申し込んでいた盲導犬の貸与がようやく決定し、一か月間の盲導犬との共同訓練を経て、その夏から初めての盲導犬との暮らしを始めたばかりだった。

盲導犬の名前はオパール、瞳がつぶらで耳が長く垂れ、凛としたクリーム色のメスのラブラドールだ。私は網膜の病気で四〇歳前後で失明、二〇年間務めた電話会社を退職し、自立して鍼灸院を営んでいた。経営も順調で、仕事も忙しく、二人の子供にも恵まれ、充実した暮らしをしていたが、もうひとつ満足できないものがあった。それは自分の意志でいつでも、どこへでも行ける、移動の自由が欲しかったことだった。

妻とも相談し、熟慮の末の結論だった。その頃の盲導犬に対する社会の理解と言えば今のそれとは比べ物にならないほど遅れていて、どこへ行くにも、まず先方の許可がいる時代だった。現行の「身体障害者補助犬法」ができる五年前の事だったから、飲食店やスーパーはもちろんのこと、タクシー、路線バスの乗車拒否は日常茶飯事だった。一緒に行ったはずの劇場には入れず、公共施設、駅などへの立ち入りもいちいち許可が必要な時代だった。

しかし同時にちょうどその頃、障害者の人格や権利を認め、社会参加を進めようという機運も大いに盛り上がっていたから、そういう意味では私は運が良かった。私は入店や乗車拒否にはいたるところで出会ったから、そういう時、逆に私はチャンス！　と考え、相手がウンと言うまで、とことん説得した。新聞にも訴えて取り上げてもらった。私はそれを社会への挑戦、そして自分への挑戦と考えた。断られれば断られるほど、私は大いに燃えた。そしてマスコミのキャンペーンなどもあって、周囲は次第にこれを理解し、積極的に支援してくれるようになった。考えてみれば時代の流れの中で、私はとても運の良い時代に生きたのかもしれない。

政治とのかかわり

こうして私が盲導犬と暮らすようになったその年の秋、当時参議院議員で視覚障害をもった堀利和さんが私を訪ねてこられ、「障害者の政治参加をすすめる会」の話を熱っぽくされた。「今、障害者の権利意識を高め、社会参加を進めようという機運が盛り上がっている。こういうときだからこそ、障害者が自ら政治に直接参加をし、政治を変え、社会の障害者に対する見方を変えていかなければならない！」と力説された。私は堀さんの言葉に大いに同調し、高まる興奮を抑えきれなかった。

私は二〇歳前後で将来の失明を宣告された。「今の医学で、この眼病を治す治療法は無い」と宣告された。同時に「今からその準備をしておくほうが良い」とも言われ、まだ若く、夢にあふれていた私は、一気に失意のどん底に叩き落された。その後の数年間は暗く、沈んだ日々が続いた。しかし、時間が私を徐々に変えてくれた。自分をとりもどす一歩として、私は務めていた電話公社を辞め、鍼灸の道に進むことを決めた。そしてあらためて盲学校の門をくぐった。その時に盲学校の図書館で出会った本がトーマス・J・キャロルの「失明」という本だった。そこに書いてあったのは、「まず、自分の運命を受け入れる事からすべてが始まる」のひと言が私を変えた。

盲学校を卒業し、鍼治療に明け暮れる日々を過ごしていた私は、少しずつ自分に自信を取り戻し、そしてさらに自分探しを始めた。そのひとつが「長岡空襲五〇周年を市民の手で」という「平和の森をつくる会」の運動だった。仲間とともに市民に呼びかけ、署名や募金活動を進めた。そして二年ほどかけて行政を動かし、空襲で多くの人の命が失われた長岡市内の中心部に、鎮魂の「平和の森公園」を作った。こうして私はこの運動を通じて、政治との関りについて強く意識するようになった。

市議への挑戦

こうして堀参議院議員をはじめ、高校時代からの友人で、既に県会議員を務めていたS君らの強い説得もあり、様々な貴重な出会いと社会の波に押され、私は市会議員に立候補する決意を固めた。しかし結論に到達するまでにはいくつもの困難があったことは言うまでもない。

視覚障害をもちながら政治に参加することは、当然、妻にとっても大きな負担でもあった。毎晩のように妻と話し合い、話し合うたびに二人の関係は悪くなっていった。そして立候補するかどうかという、仲間との最後の話し合いに出かける晩、私は「(立候補することを) みんなに断ってくる」と妻に告げ、玄関で靴を履こうとしていた。その背中に妻は「一度だけなら…」と、つぶやくように言った。

視覚障害者の市議選

翌年の春、私は仲間と共に、統一地方選に臨んだ。地方新聞からは落選候補三人衆の一人に数えられていた私は、果たして蓋を開けてみると、驚くことにトップ当選だった。「盲導犬を連れた議員誕生」として、全国紙にも大きく掲載され、初登庁の議場の前はカメラの放列ができた。インタビューを受けている間、まだ慣れない私はかなり緊張していたのを覚えているが、盲導犬のオパールは「座れ」の姿勢で、取り囲んだ記者たちを眺めながら、悠然と私の横に座っていたと言う。

盲導犬を連れた議員は海外では珍しくない。一九八七年に盲人として初めて下院議員に当選したイギリスのデービッド・ブランケットは労働党の幹事長をし、盲導犬を連れた盲目の閣僚として知られている。

私が盲導犬と共に議場入りをすることについては、議長をはじめとする議会の同意が必要だった。当時の日浦晴三郎(せいざぶろう)長岡市長はマスコミのインタビューに対し、「盲導犬と共に選挙戦を戦ってこられたのだから入場は当然」と答えたという。

こうして私が初当選し、テレビや新聞のトップ記事を飾ったその夜、何人かの市民の方から抗議の電話をいただいた。「たとえ盲導犬と言えども、元はただの犬ではないか！　犬が神聖な議場に入るなどとはもってのほかだ。犬が入れば牛や豚も入れるということか！」というものだった。この時、私はまたしても「チャンス！」と思った。「確かに盲導犬は犬であることには間違いない。しかし同時に私の目でもある。目である以上、私と一心同体」と言って時間をかけて気持を伝えた。電話の向こうの相手の方も次第に声を和らげてくれた。まだ、議会が「神聖な場所」として受け止められていたのんびりした時代でもあった。

この一連の出来事が、盲導犬（身体障害者補助犬）に対する理解、そして障害者に対する理解を一層進めるきっかけになったと信じている。

障害者議員としての活動と成果

こうしてようやく私の視覚障害者議員としての活動が始まった。私が最初の議会で一般質問に立ったのは、今では考えられない「公共施設のバリアフリー」だった。その頃、長岡市役所の入り口には正面に六段ほどの階段があったが、その階段の脇には当然、つづら折りになったスロープも設置されていた。しかし、一般の階段には車寄せまで雨除けのひさしが設置されていたが、両手が塞がって傘も差せない、車椅子用のスロープには、その上屋（うわや）が取り付けられていなかった。電話による車椅子の方からの訴えもあって、「これは順番が逆ではないか」と、本会議場で私は緊張でやや震える声で理事者側に迫った。こうして一般質問の直後、市役所にはスロープに屋根がかかり、隣接する市立劇場までアーケードの屋根が伸びた。ロビーや廊下にはすぐさま、点字誘導ブロックが敷かれ、受付カウンターや廊下、エレベーターや階段には点字プレートが取り付けられ、庁舎の点字案内板も設置された。

これら一連の動きの中で私は議員の力のあり様を肌で感じ、同時にその責任を強く感じた。

何年かして私は苦手な点字を使う以外に、議場や委員会室にノートパソコンを持ち込んで、資料を読むことの許可申請をした。議場でノートパソコンを使って議案などの資料を読み、自分で書いた一般質問の原稿を、読み上げソフトを使ってイヤホンで聞きながら読み上げる。その頃、全国ではまだ前例が無く、当然、議運の議論となった。

こうして私は全国で初めて議場にパソコンを持ち込んだのだった。

しかし、障害者議員に対する理解が最も遅れていたのは議員であったかもしれない。「同志」という「競争相手」という立場の議員からは、当然、障害者に対する「常識」としての理解はあった。しかし反面、私が「自分でできる事は自分でやろう」と努力すればするほど、「目が見えるのではないか」「盲導犬を使って票集めをしている」などと揶揄する議員もいた。これにはもう、何も言う気になれなかったが、私はこれを議会の多様性として受けとめることにした。

そしてもうひとつ、嬉しい言葉をいただいた。ある全盲の女性から「藤田さんが市議になってから、私たちを見る目が大きく変わった。目が見えない者を大切にし、言うことを聞いてくれるようになった」と言う。それまでは視覚障害と言うだけで、アパートを借りるのも大変だったが、周囲も私を一人の人間としてみてくれるようになった」という。これはもちろん、私ひとりの力ではなく、その時の社会の変化が大きかったことは言うまでもないが、とても嬉しいお話だ。

連帯・福祉のこころ

一方、議員活動は妻との二人三脚でもあった。議会への往復では、盲導犬がいつも一緒だったから、問題なく自分自身でできたが、議案書や市当局から提出される、あの膨大な資料を読み込むのは、それほど簡単ではない。

短い文書であれば一ページずつスキャナーにかけ、パソコンで読み込んでいくことはそう難しい作業ではないが、分厚い、何十ページもある予算書や議案書は、まず不可能に近い。議会が近づくと毎晩のように妻と深夜まで議案書や資料の読み合わせが続いた。寝不足で、資料を読んでもらいながら、時にイライラして、妻にあたる事も珍しくなかった。妻には本当に感謝しかない。

そして私を支えた、もうひとつの力、それは自分の事のように、昼夜を分かたず、雨の日も雪の日も街頭に立ち、支持者回りをしてくれた仲間たち。

私の一二年間の市議活動は、選挙戦をはじめ、本当に多くの仲間、支持者の皆さんに助けられての長い年月だった。障害者議員の活動には他人の支援を必ず必要とする。

つまり「助け、助けられること」、もしかしたらこれこそ福祉の心かもしれないと時に思う。

私が三期一二年間で市議活動を辞めた理由

それは他でもない、以前から議員としてそうあるべきと考えていたし、ひとつには「一期だけなら…」と言って送り出してくれた、妻との約束に対する禊(みそぎ)であった。

そして何よりも娘たちに言われて気がついた眉間の縦皺が深くなった事もあった。

(3) 二〇二三年統一地方選で全国初精神障害当事者議員誕生

堀合健二郎（神奈川県大和市議）

昨年四月の統一地方選で、神奈川県大和市議会議員選挙に当選させていただきました精神障害当事者の堀合健二郎です。

横浜市の就労継続支援B型シャロームの家でピアスタッフを務めていた五年前に、共同連堀利和代表（当時）より「横浜市会議員選挙に出てみませんか？」と言われてから紆余曲折があり、結果的には横浜市ではなく、お隣りの大和市での出馬となりました。

統合失調症という精神疾患を抱えながらの選挙戦は本当に大変でしたが、選挙公報に「大学時代に精神障害を発症したことをきっかけにして障害者支援に取り組んできました。…切実な問題を抱えて困っている人が沢山います。当事者や家族に寄り添う行政の運用、条例の制定、公正な福祉制度の整備に、人生を掛けて取り組みます」と決意を書きこんで選挙をすすめました。幸いにも理解ある人たちに恵まれて多大なるご協力をえることができました。自分一人では成立しない選挙活動を支えてくださった皆様には、感謝してもしきれません。何より、目には見えない精神の障害を配布物でも掲示物でも演説でもはっきりと開示しながら有権者の皆様からのご支持をいただけたということに、驚きと共に感謝の気持ちで胸が一杯になります。

初心を忘れずに市民の皆様の利益を最優先に考えた市政運営に努めます。そして、多様な声を反映させるためには障害当事者議員がもっともっといた方が良いと思いますので、自分自身の試みを横に広げる活動にも取り組んでいきます。

堀利和共同連顧問は、「堀合さんが大学在学中に発症、中退し、強制入院させられたことを選挙戦の中で正々堂々とカミングアウトした第一号の議員ではないか、津久井やまゆり園事件や八王子滝山病院の精神障害当事者の長期入院が世界からも批判を浴びる時代、堀合さんが当事者の立場から多様性にあふれる地域に帰れる具体的提案を地方議会から発してほしい」と期待を込めて喜んでおられました。

(4) 重度障害者にとって就労は「一番遠い権利」

木村英子（参議院議員）

選択肢のない進路

私の人生においての初めての仕事は国会議員でした。幼い時に障害を負い、家族と離れ、施設と養護学校という職員以外は障害者しかいない特殊な環境で育てられた私が社会へ出て知ったことは、障害者の存在が排除されている世界でした。身の回りの全てのことに常時介護が必要な私にとって社会へ出ることも生きていく保障さえもほとんどなく、命を保っていける場所は施設しかない、それが現実でした。

でも私は施設に入りたかったわけではありません。そこしか生きていける場所がなかったから親がそこに預けたのです。そして、私と同じ施設で育った仲間たちは五〇年以上たった今でも施設にいます。それが重度障害者のたどる当たり前の進路です。それが幸せなのか、不幸なのか、それすらも分からないほど外の世界を知らない私には選択する物差しがなく、幼い時からずっと施設で暮らしていくことが当たり前だと思っていました。

私は幼い時から一八年間、施設と養護学校という閉鎖された環境の中で職員に管理され、時には嫌がらせや虐待を受けてきました。そんな生活に耐えられなくなった私は、養護学校高等部の進路指導で「地域へ出て自立生活をしたい」と教師に告げました。しかし、養護学校の進路指導に社会へ出るための選択肢はありませんでした。教師は「何もできないくせに社会で生きていけるわけがない、思い上がるな」と言い放ち、私は決められた施設へ実習に行かされました。社会に出て働くという当たり前の営みすらも、私のような重度障害者には想定されていないのが現実でした。

そこでは、割り箸を一本ずつビニールに入れる作業を一日数時間しましたが、私は一時間に数十本しか入れられず、ノルマはこなせませんでした。しかし、そこで見られる評価の内容は作業よりも、食事やトイレ、着替えや車椅子での移動など、自分の身の回りのことがどこまでできるかであり、職員への介護の負担がどれだけかかるのかを見られていたのです。

親からは「これ以上面倒は見られないから、このまま施設に入ってくれ」と懇願されましたが、地獄のような施設には絶対に行きたくなくて、ここで施設に入ったら、二度と外へは出られないことは分かっていたので卒業間近までどうすればいいか悩んでいました。

そんな時、新聞で、地域で自立生活を実現している三井絹子さんのことを知りました。暗闇にいた私に一筋の光がさした瞬間でした。

地域への自立

そして、私は親や教師のすすめる施設を拒否して卒業後、家出をし、一九歳の時に国立市で障害者の先輩や仲間たちの支援を得て、自立生活をスタートさせました。

施設の窓越しに見ていた外へ出ることへの「憧れ」を「権利」だと教えてくれた仲間たちが命懸けで外へ出てきた実践がなかったら、そしてその奇跡を知ることがなかったら、私は社会へ出る夢を抱いたまま、そのうちその夢は妄想と化し、今頃当たり前に施設にいたことでしょう。

施設から社会へ出てきて三九年、地域で生きるためには、その日の命を保つために介護をしてくれる人を探すこと、それしかありませんでした。

地域には介護してくれる職員はいません。長い間、施設や養護学校にいた私には地域での友だちや知り合いもいません。重度障害のある私に家を貸してくれるところもありません。交通機関を利用したくても乗車拒否にあったり、飲食店からは入店拒否されるのが当たり前で、車椅子で街を歩けば、周りからじろじろ見られ、とても恥ずかしく、想像以上に生きることが困難の連続でした。

なにをするにも介護してくれる人がいなければ生きていけない私にとって差別やバリアだらけの社会では、「就労」は一番遠い権利でした。重度障害者が生きていくには、なんの保障もない中で常時介護の必要な障害者を雇ってくれるところなど当然なく、生活をおくるには生活保護と障害者基礎年金しかありません。

仕事どころか、今日のご飯やトイレ、家の中に入れてくれる人を見つけるのが精一杯の毎日で、その上、ボランティアだけでは生きていくことは不可能な状況の中で、自治体や東京都、国に対してヘルパー制度や重度脳性麻痺者介護人派遣事業（現在の重度訪問介護）などの介護保障を行政に訴える運動を障害者の仲間たちと闘ってきました。

重度訪問介護の歴史　厚生省との交渉風景

その闘いの歴史を少し振り返ってみたいと思います。国の障害者に対する施策が「施設収容」が中心だった時代に、地域で生きる保障を求め、一九七〇年代に施設から飛び出した障害者が、行政に対して介護保障を求める運動を始めました。その運動によって、一九七四年に東京都の単独事業として当時発足したのが、「重度脳性麻痺者介護人派遣事業」です。

これらの制限が介護を必要とする障害者の人権を侵害している！

✕ 政治活動中の介護

✕ 通学・就学中の介護

その後、一九九〇年代には国のヘルパー制度の中に入り全国に広まっていき、時代とともに制度の変遷を繰り返し、現在の重度訪問介護制度となったのです。

現在、重度訪問介護は約一万二〇〇〇人の障害者が利用しています。主な介護内容は、自宅での入浴、排泄、食事の介護、外出時の支援などで、日常生活の見守り支援も含む長時間の介護制度とされており、重度の障害者の生活を支える重要な制度になっています。

しかし、この制度の問題点は告示によって、図のとおり、就労や就学、政治活動など、さまざまな地域生活上の外出時の介護が制限されており、障害者の社会参加の権利を妨げていることです。重度訪問介護だけではなく、視覚障害者の移動支援の制度である同行援護や、知的障害者の移動支援制度である行動援護も同様に制限されています。

障害者運動が始まり、制度が生まれて半世紀以上も経っているにもかかわらず、家の中での食事やトイレ、入浴などの介護が中心で、就労・就学、余暇活動、政治活動などの移動に伴う介護には制限がかけられたままで、障害者の社会参加の権利が保障されてない状況はずっと変わっていません。このような状況は、国連の障害者権利条約や障害者差別解消法に違反し、今の時代に逆行していると思います。昨年九月に国連の障害者権利委員会から出された総括所見においても、日本に対して、このような制限を排除することを勧告しています。

国会議員が初めての仕事

重度障害者の私にとって就労は遠い権利であり、介護が十分に保障されない現状では、働くことは一生できないと思っていました。ですから、そんな重度障害者の私が国会議員になるなんて誰も想像すらしていなかったでしょうし、私自身もありえないことだと思っていました。二〇一九年に参議院議員選挙に当選した時、私に向けられた「憲政史上初」という言葉を聞いた時、重度障害者の存在が世の中に知られたことに嬉しさを感じると同時に、あらためて障害者を排除している社会の現実を痛感しました。

私が参議院議員選挙に出た理由は、障害者運動だけでは現状を変えることは難しく、施設や親元から地域へ出てきた重度障害者の仲間たちが、介護制度が不十分であったり、介護してくれる人が見つからず亡くなったりしている悲惨な現状を少しでも変えたかったからです。

しかし、二〇一九年に参議院議員になった時、重度訪問介護では就労中の介護は認められておらず、議員活動中は経済活動にあたるので重度訪問介護制度は利用できない事実が世間に明かるみになったことで、皮肉なことに、それが私の最初の仕事になりました。

厚生労働省に対して議員活動中の介護保障を認めるように話し合いを重ねましたが、制度の改正は認められず、結局、参議院が暫定的に介護費用を負担することになり、いまだに重度訪問介護制度の改善は保留になったままです。

その後、厚生労働省は障害者の就労について、重度訪問介護の制限をなくすのではなく、重度障害者等就労支援特別事業という別の制度を作り、二〇二〇年一〇月から運用を開始しました。しかしこの制度は、自治体が任意で導入する事業であるため、未だ導入していない自治体が多く、住む地域によって介護者を伴って働けるか働けないかが決まってしまう状況です。

また、この事業は申請するときに、生活上の介護と仕事上の介護を切り分けたうえで、トイレや水分補給に何時間、パソコンを打つのに何時間とあらかじめ申告しなければなりません。申請が煩雑なうえに、トイレや水分補給、体位交換など、前もってわからないものまで時間を決めさせられ、制度を理由に管理されなければならないのは、プライバシーの侵害に当たると思います。障害者の状況を無視し、行政側の都合に偏った制度となっており、就労の権利を保障しているとは言えません。

障害者が地域で生きるには、家の中での介護だけではなく、就労、就学、余暇活動などあらゆる場面において介護の保障がないと健常者と同じように平等に社会参加することができません。就労はだれもが地域で生きるために持つ当然の権利ですから、国は早急に就労中にも重度訪問介護制度を使えるよう整備をしていく必要があると思います。

そして、制度を変えるためには障害者が政治参加することも必要不可欠ですから、政治活動中の介護保障も見過ごせない課題です。

インクルーシブな社会の実現に向けて

現在、インクルーシブ教育やインクルーシブな社会の実現が叫ばれているなかで、障害者が生きづらい社会の現状は、障害者と健常者を分けている構造から生まれています。そして、障害者と健常者が幼い時から同じ学校で学べなければ、大人になって同じ職場で働ける環境も作ることは難しいと思います。なぜなら、私自身、障害があることで普通学校に行けず分けられたことが、いま地域で生きる時に、健常者との人間関係をつくれない弊害となっているからです。

「社会の構造的なバリア」、「制度のバリア」と「心のバリア」、これらは分けられていることでつくられてしまいます。私が地域で生き続けるためには、社会のバリアと闘わなければ生きてこられませんでした。ですから、私のような苦しい思いをこれからの子どもたちにさせたくはありません。

障害者と健常者が共に働ける場を作るには、幼い時から同じ環境で育つことが最も重要です。大人になってからでは取り返しのつかない、子ども同士でしか作れない関係性が社会のバリアを壊し、一緒に生きていく力を生み出すカギになると思います。

（月刊『ヒューマンライツ』第四二七号（二〇二三年一〇月一〇日発行）から許可を得て転載）

⑸ 有権者は障害者議員の夢を見るか

上保晃平（朝日新聞記者）

一 障害者の過少代表

「障害者の政治参加」という局所的な主題から、実は政治や社会の普遍的な課題が見えてくる。障害者権利条約第二九条が政治的活動に「効果的かつ完全に参加すること」の保障を求めていることを前提に、本論は障害者を取り巻く社会構造を分析した上で、障害者議員を増やす意義と方法、今後の可能性を提示する。

内閣府の障害者白書（二〇二三年版）によると、国民の約九・二％に何らかの障害がある。一方、全国の障害者議員らでつくる「障害者の自立と政治参加をすすめるネットワーク」によると、七月現在の把握分で、障害がある議員は国会議員五人と地方議員四一人の計四六人。全議員数の〇・一％ほどにすぎない。議会において障害者は過少代表されている。

過少代表の背景には、議会への参入を阻む制度上の問題と社会意識の問題が存在する。政治学者の大倉沙江は「選挙や議会のルールが障害者の参加を想定していない」と指摘する。公職選挙法では選挙期間中の介護者の位置づけが明確でなく、その確保もままならない。十五万～六百万円の供託金が重い負担となり、家族に反対されることも少なくない。さらに、大倉が一八年に障害者議員に実施した調査（二一人回答）では、選挙や議員活動で同僚議員や有権者などから差別を受けた経験があると答えた人が七割に上った。(1)

筆者の取材からも様々な課題が浮き彫りになった。車いすで生活する千葉市議の渡辺惟大は「私が乗れるスロープつきの選挙カーがないので、父の車を改造して即席の選挙カーに仕立てました」「私は介護者なしで一人で駅頭に立つことができません……平日は朝二時間、夕方二～三時間ほどしか選挙活動ができませんでした」と一九年の落選時の苦労を振り返っている。「有権者の声を聞いて、障害者政策をより強調するようにしました」と福祉以外の政策を語りづらいこともあるという。(2) 北海道千歳市議で全盲の落野章一は、議員活動で必要な委員会の資料を予算の関係で一部しか点訳できないため、パソコンで音声に変換して頭に入れているという、筆者に「まともに聞くと二〇時間くらいかかる」とこぼした。移動の際には同僚議員の手を借りることもあるが、「それが続くと同僚議員にものが言えなくなります」と議員ならではの葛藤もあるという。(3)

ただ、問題の根本は一層深いところにある。障害者と健常者は幼い頃から分離され、あたかもパラレルな世界を生きている。

二 政治参加の「障害」

文部科学省の「特別支援教育資料」（二一年度版）によると、特別支援学校在籍者は計約一四万六千人、特別支援学級在籍者は計約三二万六千人に上る。教育学者の小国喜弘はこれらの人数が近年激増してきたことに注目し、「人材再配分の装置としての学校教育は、社会的な有用性の観点から特定の子どもを『障害児』として排除周縁化する機能を果たしてきた」と指摘している。[4] 卒業後のライフコースも健常者とは交わらないことが多く、前出の「特別支援教育資料」によると、特別支援学校高等部卒業者の六割は社会福祉施設に入所・通所している。

また、厚生労働省の「障害者雇用実態調査」（一八年度）によると、五人以上の規模の事業所に雇用されている障害者は八二万一千人いるが、平均賃金は身体障害者で二一万五千円、知的障害者で一一万七千円などと著しく低い水準にある。障害者の貧困は深刻で、一三年のデータを用いた山田篤裕らの分析によると、二〇～七四歳の要介助障害者の貧困率はそれ以外の人よりも二倍ほど高く、三割前後が相対的貧困の状態にある。特に五〇代以上で単身の要介助障害者の貧困率は五割超と高い。これは「親や配偶者が亡くなったこと等により、就労所得や社

会保障給付が期待できない状態でも、単身生活に移行せざるを得ないケースが少なくないためだと推察される」という。(5)

障害者は障害自体に直接由来する困難だけでなく、有用性に基づいて排除周縁化されるという社会構造上の困難にも直面している。結果として、障害者は政治活動に必要な経済資本や社会関係資本などを築く上で極めて不利な状況にある。

三　障害者議員の存在意義

障害者の政治参加を保障するには、障害者の権利をめぐる諸問題が否応なく関わってくる。多くの障害者議員は社会的有用性による生の価値づけ（＝優生思想）に抗して社会構造を是正しようと、インクルーシブ教育の実施や地域での自立生活支援、街のバリアフリーなどに取り組んできた。理論的な柱となっているのは「障害の社会モデル」という考え方である。

障害の社会モデルとは、障害を個人の特性としてよりも社会的につくられたものとして捉えるパラダイムである。社会モデルによれば、たとえば車いすで段差を上れないのは、緩やかなスロープやエレベーターが設置されていないことに帰責される。

つまり、社会モデルのもとで障害は政治化されて社会全体の課題となる。そのことに特に意識的なのは一九年参院選で当選した重度障害者の木村英子だろう。木村の原点は障害者運動にあり、当選後も現場の声を採りいれながら政策提言をしている。[6] コロナ禍では関係省庁に働きかけ、人手不足に対応するために無資格者でも介護に携われるようにする特例や、入院時の介護者の付き添いを病院側が拒まないようにするための通知を引き出した。参議院のバリアフリー化や国会質疑での様々な合理的配慮を通して、建物や議会運営がいかに障害者を想定してこなかったかも明らかにした。

このような議題設定は障害当事者ならではのものといえる。家族による「代弁」ではだめなのか。筆者は留保が必要だと考えている。障害学や当事者運動が主張し続けてきたように、歴史的には家族が障害者を抑圧してきた面がある。障害者本人にとって、「障害者」という共通する経験や感覚を持つ人物が議員として存在する意義は大きい。

また、社会的有用性による序列化に苦しんでいるのは障害者だけではない。自己責任論が台頭して社会問題が私事化されるなかで、社会の側に変化を求める社会モデルは個人間のつながりを回復し、誰もが生きやすい社会への扉を開く鍵となり得る。障害者議員の増加で議会への参入障壁が低くなればデモクラシーの活性化に資するし、多様な属性を持つ議員が集えば政策の幅も広がる。

四　未来への突破口

障害者が議員になるには厳しい社会状況がある一方で、その解消には障害者が議員となることが重要である。メビウスの輪のような難問だが、突破口はすでに開かれつつある。

一九七七年に初当選した八代英太以降、在職中に中途障害者となった大河原雅子を除く障害者国会議員六例を振り返ると、いずれも参院議員として初当選しており、うち五例は参院選全国区（大選挙区または比例区）選出であったことがわかる。政治活動に投入できる資本が少ない障害者にとって、解散がない参院議員は安定して仕事ができる利点がある。また、政党は全国区で障害者を擁立することで、地域の利害関係を守りながら広く有権者に福祉重視の姿勢や刷新感をアピールすることができる。

そのことを踏まえ、国政で現実的なのは比例名簿を活用した「政党クオータ」だろう。各政党の自主的な取り組みとして、障害者を参院選の比例特定枠や衆院選の比例拘束名簿の上位に置く。実際にれいわ新選組は一九年参院選以降、重度障害者三人を特定枠で当選させて注目を集めている。仮に野党共闘の流れが再び加速して小選挙区での候補者一本化が進めば、他党との卓越化を図るために比例で障害者を擁立する政党としてのメリットも大きくなるのではないか。まずは一つずつ事例を積み重ねていくしかないが、インセンティブとして障害がある候補者の数や割合に応じて政党交付金を増やす方法も考えられる。

供託金の引き下げや政治活動時の介護保障なども必要だろう。また、民間から障害者を閣僚に抜擢することも可能だ。国政レベルでの変革は、各政党を通じて地方政治にも波及していくのではないだろうか。

ただ、現在の政治制度や社会通念は議員に対して一定の政治的能力を要求している事実がある。これはリベラル・デモクラシーの本質に関わる問題であり、知的障害者や精神障害者の政治参加を考えるときに一層先鋭化する。議論を突き詰めると、私たちの政治や社会に関する認識や議員像をラディカルに問い直すことは避けられない。

いずれにせよ、現実を動かすのは私たちの行動や意識の変容である。障害者議員を増やし、能力や有用性を超えてつながり合う未来へ。可能性は私たち有権者の手の中にある。

【注】

（1）上保晃平「障害者議員『甘くない世界』」『朝日新聞』二〇二三年七月二九日付朝刊、北海道版、二三面

（2）上保晃平「障害者当選の壁は『特別視』」『朝日新聞』二〇二一年一一月一七日付朝刊、千葉県版、

二二面
（3）上保晃平、前掲記事、二〇二三年
（4）小国喜弘『戦後教育史』（中公新書、二〇二三年）二九一頁
（5）山田篤裕・百瀬優・四方理人「障害等により手助けや見守りを要する人の貧困の実態」『貧困研究』第15号（明石書店、二〇一五年）九九―一一二頁
（6）上保晃平『重度障害者が国会の扉をひらく！』（社会評論社、二〇二一年）

（月刊『ヒューマンライツ』第四二七号（二〇二三年一〇月一〇日発行
並びに朝日新聞社から許可を得て転載）

〔V〕寄稿

精神科病院・精神医療について思うこと

堀合悠一郎（認定非営利活動法人さざなみ会　理事長）

精神疾患とは何か？　「心の病（気）」とも呼ばれることのある、この「精神疾患」を治療する最善の方法は何なのだろうか？　これまでに多くの関係者（精神科医、医療スタッフ、心理学者、ソーシャルワーカー、当事者、家族）が問い、考え、研究を重ね、それを実践に移してきたのは衆知のところである。「心」はいったい、身体のどこにあるのか？　思考の中枢である脳だろうか？　脳の働きには、まだ未解明なところも多い。そもそも人間が、自らの脳を使って脳自体の働きをつきとめることは、可能なのだろうか？　いや、脳だけに、精神疾患の原因や治療対象を求めることは、何か違うのかもしれない。多くの身体疾患（とくに生活習慣病と呼ばれる一群の慢性疾患）と似て、適度の運動（スポーツ）を日々の生活に取り入れることが、精神疾患によるさまざまな辛さを和らげるために有効であったりもする。筆者が精神疾患の治療を受け始めた一九九七年頃に、受け持ちの精神科医から言われた言葉を思い出す。「実は今の医学では、精神病についてわかっていないことも多い。だけれど、精神医学の世界では、経験的に、精神分裂病（今でいうところの統合失調症）患者の三分の二位は普通に社会生活ができるくらいまで回復するといわれている。だから、あきらめず、根気よく治療を続けてほしい」。

二一世紀に入った現在の状況は、当時と比べてどうだろうか。脳の画像を用いた精神疾患の診断技術の開発や、精神疾患を判定するためのバイオマーカーの研究など、精神疾患を身体疾患と同様に位置づけようとする動きがあるとともに、精神疾患にかかった当事者がとることのできる手段や、受けることのできる支援も、度重なる法改正や関係者による議論を経て、より手厚く、選択肢も増えている。

＊変わらぬ隔離・拘束と続く虐待

筆者自身、この二〇年ほどの間に、精神科デイケアの利用、地域活動支援センターの利用、就労継続支援B型事業所（いわゆる作業所）でのピアスタッフとしての勤務、精神障害当事者グループYPS横浜ピアスタッフ協会や人権擁護団体KP神奈川精神医療人権センターの立ち上げなど、色々な立場の人たちとともにさまざまな活動を経験してきた。その中で、二〇万人を超える方たちが精神科病院に現に入院していて、その半数以上の方が、一年以上の長期入院であり、一万人以上の方たちが隔離・身体拘束を受けている、という事実を知り、衝撃を受けた（長谷川　二〇二三）。また、精神科病院における入院者虐待の問題についても、メディアで報じられた兵庫の神出病院事件や、東京の滝山病院事件など、現に起きつづけている。

二〇二四年度からは、精神保健福祉法の改正により、精神科病院内での虐待および虐待疑いについても通報義務の対象となるが、それはあくまで対症療法的措置であり、精神科に入院している人たちが非常に弱い立場に置かれてしまうという構造的な問題には、引き続き、長期的視点での取り組みが必要ではないだろうか。構造的な問題…これと向き合うには、まず、歴史に目を向ける必要があるかもしれない。

＊歴史の記述　医療者視点と精神障害当事者の視点

現在の状況において、現状を見つめなおし、現況をどうとらえ、そして課題解決や問題打破のためにどう行動すべきかを考察し、実践に移すにあたり、まず歴史に目を向けることが不可欠であるのは、精神医療やその主たる提供主体である精神科病院について考える際にも、他の事象に対すると同様、まず押さえなければならない立ち位置だと思われる。

歴史的に、精神病の定義や、治療方法、患者の社会的位置づけや、病院をはじめとする治療施設のあり方、はたまた医療者（治療者？）のあり方等について、様々な議論を重ねてきた精神医学の世界でも、当然のことながら、多くの学者や関係者により歴史記述の試みが行われてきた。その多くは、精神医学の内実・内情を知る、もしくは実際に治療行為に関わった経験を持つ精神科医または研究者によってなされている模様である。精神医療の受け手である精神障害当事者の視点から語り、述べられた歴史も存在するが、医療者視点からの歴史と比べて、まだだ少ないとの印象を禁じ得ない。これは一つには、長年、精神障害当事者は、精神医学によって、認知的思考に障害を負う病（つまり精神病）にかかった、論理的、理性的思考力、また事実を現実的に認知する能力が損なわれた存在であるため、正確な歴史の記述は不可能であるとみなされ、社会の側もそのことを（ややもするとさらなる誇張と偏見をもって）追認していたことに起因すると思われる。

はたして、この認識は正しいのか？　二一世紀の現在、この認識についてどう語ればよいのか？　少し視点を変えて、そもそも、歴史を記述するということを考えてみたい。

歴史を語る形は、現在では様々なメディア（このメディアという言葉には、降霊術のイタコという意味もある）によるものがあると思うが、最も長い間使われてきたのは言葉（口述）による語りであり、その次に古いのが、文章による記述なのではないだろうか。どちらもともに、見方によれば「語り」であり、その「語り」には「語り手」を要する。口述の語りは、次々にあたらしい世代に（文字通り）語り継がれていくが、文章による記述には、多くの場合確たる書き手が存在する。つまり歴史の書き手が、伝えられる歴史の内容に影響を及ぼす立場にいるのである。

精神医療についての歴史の場合、医療提供者側が書いた歴史が有意に多数であるならば、その歴史の総体は、医療者側の視点に偏ったものになりはしないだろうか？　近年、当事者主体やリカバリー視点の重要性が叫ばれて久しいが、端的に言って、きっと今、当事者側の視点に立った歴史がもっと必要なのだ。それはもちろん、医療者側からの歴史を否定するものではないことはご理解いただきたい。しかし、医療者側による歴史だけでは、何かが足りないのだ。具体的には、実際に治療や様々な処置を身をもって受けてきた当事者の声、それも、医療者が聞き取り代弁したものではなく、当事者が主語で、語り主である「声」だと思う。

良い治療実践のためには、実施した治療に対する患者からのフィードバックが欠かせない。医療者たちも、日々、フィードバックの記録、分析、そして次なる実践への応用、実装に励んでいる。精神医療自体が当事者の声（フィードバック）抜きには成立しないのと同様、精神医療の歴史も、当事者の語り、記述が圧倒的に少なければ、不完全なものに留まってしまうのではないか、と思う。本稿を、当事者視点の歴史として語るには、筆者はあまりに力不足であるが、当事者の声の必要性を肝に銘じて、書き進めていきたい。

＊リカバリーモデルと障害の社会モデル

現代の精神保健福祉におけるリカバリーモデルや、当事者、支援者、家族等も巻き込みながら大きく広がっているリカバリー運動については、多くの研究や記述がなされている。リカバリーという概念の解釈については、どの側面を重視するかにより多様なものが提起されているが、精神疾患の治療を第一の目的とし、精神疾患を抱えた自分は自分ではない（どこか損なわれている）と考えるのではなく、精神疾患があってもその人の自分らしさは何ら損なわれることはない、という大枠からしてすでに、疾患に焦点を置き、その除去を目的とする枠組みである医学モデルと比べて、一当事者の視点から見ても、人を全人的に見るモデルであるという点で、大いに希望を感じるところである。精神障害者は、病人である以前にまずもって人間であり、精神医療において治療の対象となった場合も、治療対象であるというそのことは、あくまでその人の一つの側面でしかない。精神医学では把捉できない人間の生物的、人格的要素の広大さは限りないほどではないだろうか。先に紹介させていただいた、私がかかった精神科医の言葉「実は今の医学では…」に見るように、そのことに意識的な医療実践家も多いであろうことは、近年のオープンダイアローグや当事者研究の盛り上がり、広がりにもその一面を見ることができると思う。ひるがえって、精神疾患にかかった人を障害者（精神障害当事者）と捉えたときにしばしば指摘される障害の社会モデルも、精神医療について考える上で重要な概念である。社会モデルについては、世界的に障害種別を横断して多岐にわたる研究がなされており、我が国でも近年、つとに叫ばれている「共生社会」やノーマライゼーションの実現、障害への差別・偏見の問題を解決するためにもっと社会に広がることが望まれる。「障害は社会の側にある」という社会モデルの基本理念は、あくまで社会の一員である障害当事者が、自身の行動によってほかの障害ある人が生きやすくなる社会をつくることにつながるという視点で主体的・積極的に社会と関わっていくうえで、大切な鍵になるのではないだろうか。

治療の対象とだけ見なされ続けていたら、この展開は実現できない。そうであれば、当事者だけでなく社会全体にとって、大きな損失であろう。疫学的データとして、一生の間に一度は何らかの精神疾患にかかる人の割合は五人に一人ともいわれており、また、近年の発達障害診断の広がりや、また、米国で開発された精神疾患の操作的診断マニュアルＤＳＭに沿って診断すると全人口の半分くらいの人に何らかの精神疾患の診断名がつくのでは、との精神医療の専門家の話にもあるように、今や、精神疾患は広く一般の人たちとっても身近なものになりつつある。つまり精神疾患は、かつてのように、一部の特殊な人の問題では、もはやないのであって、精神疾患とともに生きていくことは、人間として生きること、と、限りなく近いありかたである、と言っても、大きく誤ってはいない、とさえ思われるのだ。

もちろん、これは、医学モデルがすべて間違いである、という議論ではないことは、ご理解願いたい。大切なのは、多様なモデルのどれか一つに限定するのではなく、いずれのモデルからも有用な視点を引き出していく柔軟さをもつことではないだろうか。良い意味でのあいまいさ、と書くと、誤解があるかもしれないが、現実認識のレイヤーのようなものとして、切り替えの可能性を常に意識して精神疾患と向き合うことは、精神障害当事者が自身を追い詰めないためにも大切であると考える。

*良い意味でのあいまいさ　YPS横浜ピアスタッフ協会

さて、「良い意味でのあいまいさ」これは、神奈川県横浜市に拠点を置く精神障害当事者グループYPS横浜ピアスタッフ協会（以下YPSと略）が大切にしていることの一つである。YPSは精神障害当事者グループといっても、参加資格を特に設けていないため、支援者、医療者、研究者、家族、学生、など、当事者以外にも多彩な立場のメンバーが活動に関わる（当事者の比率はざっくり五〇％ほどであり、厳密な意味では当事者会だとはみなせないと言われることもある）。

当事者同士の支援のことを、ピアサポートと呼び、ピアサポートを有給で仕事として行う人のことをピアスタッフと一般に呼ぶが、ＹＰＳでは、活動目的の柱として、そのピアスタッフの普及を掲げている。「神奈川ピアまつり！」やピア養成プログラムである「ＹＰＳピアマスター」や、勉強会的なものからレクリエーション的なものまで様々なテーマの定例会の企画・開催、毎月一回定例で行っている事務局会議（名前はかたぐるしいが、実際参加してみると、笑いとユーモア、初参加の方への歓迎ムードなど、とても楽しい会議だとの感想をもらうことが多い）など、楽しいからこそ、二〇一五年一一月の設立から山あり谷ありのなか、無理なく続けてくることができたのかもしれない。

ＹＰＳの年間行事の中で、一番多くの人達を巻き込んで準備や当日の運営に力を注ぐのは、なんといっても「神奈川ピアまつり！」だ。二〇一七年の第一回を皮切りに、コロナ禍の中断を除いては毎年度開催しており、一五〇名から三〇〇名位の人たちが会場に集い、会場参加型で多彩なプログラムが行われる、ＹＰＳ最大のイベントである。いつしか、まつりの最後にはお神輿が登場し、会場を一巡してステージに上がると、観客有志もステージに集まり、皆でそのお神輿を破壊することが習わしとなった。毎回の会場の不思議な空気感に、「はたしてこの

YPSのお祭りにはどんな意味があるのか？」関心を持ち、文化人類学の研究テーマに選んだ学者もいるほどである。

毎回、まつりの終了後は、疲れでへとへとになるとともに、また充実した気持ちになれるものの、ただ一つ、心に引っかかっていることがあった。YPSのイベントは基本的に、会場に出かけて行って参加するタイプのものなので、精神科病院に入院していたり、家から出られずひきこもっている当事者の仲間たちにはイベントの楽しさ、そして皆で元気を分かち合う場の雰囲気を、届けることはできない、という意識だ。どうすればいいのだろう？　これがYPSの限界なのか？「私たちは私たちの想像力がどんな壁をものり越えると信じています。」とYPSの憲章にあるではないか…。

そんな折、YPSのメンバー二〇人位で、大阪精神医療人権センターを訪問し、活動の説明を聞く機会を得る。精神医療人権センターの活動の具体について、上坂事務局長（当時）の話がまだ終わらないうちに、私の頭に「これだ！　神奈川で精神医療人権センターを立ち上げよう、そして、入院中や、外出できない仲間たちに元気を届けよう！」との決意が浮かんでいた。そのことを、帰りの新幹線の中で分かち合い（皆、同じような思いを抱いたことがわかった）、神奈川に戻るとすぐに、精神医療人権センター設立の準備会を立ち上げた。二〇一九年初秋のことだ。

＊ＫＰ（神奈川精神医療人権センター）の設立

ＹＰＳの活動を通じてイベント慣れしていたメンバーのフットワークは軽く、準備は急ピッチで進み、二〇二〇年五月一六日ＫＰ神奈川精神医療人権センター（以下ＫＰと略）設立に至る。世間はコロナ禍に突入し、オンラインも活用しながら、活動を進めていった。最初は、とにかく電話相談窓口の開設と定例会をしっかりやろう、と、決まった事務所もない中手探りで必死だったが、「楽しさ」が重要な要素であることは、私自身直観的に意識していたと思う。もちろん、メンバー個々の考えや視点は多様で（それはＫＰの強みでもある）それを皆が持ち寄ることで活動が活性化する面は否定できないが、活動そのものを負担に感じてしまったら長続きはしない。ＹＰＳがそうであったように、ＫＰも参加することが「楽し」ければ、きっと多くの人たちを巻き込んでいき、活動を継続し、必要な規模まで拡大できる、との魂胆だった。

ＫＰ立ち上げ直後の頃に関わった、横浜市のある地域における精神障害者向けグループホームに対する地域住民による運営反対運動に対する抗議活動（当事者による意見を掲載したチラシを地域にポスティングしていた）では、抗議活動を「地域住民の方たちとの出会いと対話の模索」と捉え、毎回、「今日はどんな地域住民の方に声を届けられるだろうか」と、緊張感とともにかすかな希望も感じつつ、地域をポスティングして回った（その模様の一部は、映画『不安の正

体　精神障害者グループホームと地域』（飯田基晴監督）の中に記録されている）。

四年たった今でも、地域住民によるグループホーム運営反対運動は続いているが、地域住民の方から匿名でＫＰがポスティングしたチラシの内容に肯定的な意見をいただいたこともあった。グループホームのような社会資源は、精神科医療と切っても切れない関係にある。精神科病院に入院している人が退院できない理由の一つとして、しばしば、退院後地域で暮らす場所が確保できないことが上がる場合もあり、グループホームはそうした場合、次善の選択肢となりうるからだ。ＫＰも活動を続けていくにつれ、様々な状況に置かれた当事者と関わっていくことになる。

＊精神障害当事者と日本社会

精神障害当事者を巡る状況について、日本の社会に目を向けてみると、どうだろうか。国による五大疾病の一つに精神疾患が位置づけられたことは記憶に新しい。また、メンタルヘルスは社会全体の課題だとの言説も、日を追うごとにますます多方面から上がってきている。精神科を受診する人の数もうなぎのぼりであるし、受診にいたるほどではないもののやはりメンタルヘルスの課題を持っているであろう人たちも存在するであろうことを考えると、もはや精神疾患は一部の特殊な人だけの問題ではないことは、先述のとおりである。これまでの社会において、精神疾患にかかることは、大きなスティグマ（しばしば、消すことのできない負の烙印で、差別・偏見をもたらす）を身に受けることであった。精神疾患が一般的になることで、そのことは変わっていくのだろうか？

筆者自身、これまで、自分の精神障害当事者としての体験をオープンにすることで、精神疾患にかかっても希望を失うことはないのだと、非力ではあるが社会に伝えてきたつもりである。YPSが精神障害当事者グループと標ぼうしながらも参加資格を当事者に限っていないのは、精神疾患の体験・未体験を序列化することなく「ピア」（＝同輩）だと思える可能性を少しだとしても残しておく（あいまいさの形で）ことが、多くの人を良い意味で巻き込むために大切だと、多くのメンバーが考えているからだと思える時がある。精神疾患がありふれたものになれば、精神障害当事者と社会との関係が、さまざまな意味で、よりフラットになる。つまり、立場を移動しやすい、より活性化した社会を実現できるかもしれない（社会が変わることができるかもしれない）…これは夢想的かもしれないが、活動の中でそう思わずにはいられない時もまた、確かにあるのだ。

さて、その「移動」の機会を奪われてしまっているのが、精神科病院に入院している方たちであり、先述のように、入院生活が一年以上の長期にわたっている場合も多い。この現状に対して、何ができるのか…KPの活動の中でももどかしさを覚えることが多々あるが、地道にできることを積み重ねていくしかない、と、長期戦覚悟で実践を続けている。

KPの四つの活動理念「声をきく」「扉をひらく」「仲間（ピア）がささえる」「社会をかえる」（大阪精神医療人権センターの理念から拝借した三つの理念に、神奈川の特徴である「仲間（ピア）がささえる」を加えたもの）は、それぞれが具体的な活動に結びつき、かつ、相互にもリンクしており、その理念に共感した方がいつでも活動に参加できるよう、活動の仕組み化にも意識して取り組んできた。日本では、一般的に、人権擁護を掲げる団体は、体制批判的な活動を主にしているという偏見があるようで、KPも立ち上げ後しばらくは、精神医療・精神科病院への批判ひとすじの団体だとのイメージを持たれ、多くの精神科病院から敬遠されていた時期がある。しかし、何かに変化を起こすには、その対象（精神科医療）に積極的にかかわっていかなければならないのは必定だ。その認識に立ち、ある時期から、精神科病院とのネットワークづくりに心を砕いてきた（このことには、精神保健福祉士を含む事務局スタッフ体制が充実し、スタッフがそれぞれの強みを生かして動けるようになったことが大きく影響している）。このネットワークづくりは、徐々に功を奏し、県内七〇の精神科病院への訪問見学受入等についてのアンケート送付と、それに対し頂いた回答による病院訪問見学報告活動の実現へとつながることになる。精神科病院は構造的に閉鎖性の高い場であり、普段はそこにいない第三者が入り、病院スタッフが見慣れて見過ごしていた問題に気付くことも多々ある。そうした、（病院スタッフの振る舞いに感じる違和感などの）情報、気付きは、病院側にとっても重要な意味を持つはずだ。それが、病院スタッフの意識や病棟環境の改善につながることもあり得ると思う。今入院している方たちのために病棟の環境を整えるよう働きかけることも、忘れてはならない人権擁護の一つの形である。精神医療をより良くしたい…この点について、心ある精神科医療者とＫＰは思いを一つにしている、そう思いたい。

＊「精神障害者」の定義とは

それでは、そもそも精神障害者とは、どういう人のことを指すのだろうか。その時代ごとにどのように定義され、そして再定義されてきたのか、可能な範囲で振り返ってみよう。

現在、精神保健福祉法には、精神障害者とは精神障害を持つ人のことであり、精神障害を持つのかどうかは、所定の精神疾患があると精神科医により診断されることで決まる、とある。精神科医による診断については、法的に拘束力のある診断基準は存在しないため、どのような精神疾患の診断を下すかは、各医師の判断に負っている。これは、精神障害を負ってから（そのおそれのある場合も含め）の処遇については、法で定めるけれど、そもそも、ある人が精神障害者であるかどうかの決定の詳細については法は医師にすべてを委ねる、と表明されているようにも読める。とても心に引っかかる点だと思う。かねてより、身体障害や知的障害は、障害の程度を測る数値化された基準があるのに対し、精神障害は障害の程度を定量的に測ることは難しく、また、精神障害は状況により有意に症状が改善する可能性も他障害と比べて大きいため、短期間で障害の重さが大きく変化しうる、という、なんとも定義しづらい障害であった。しかし、精神疾患を負ったことによる不自由さは、多くの人にとって、生活の多方面に望ましからぬ変化を及ぼし、家庭生活、学業、就業等の状態に深刻な悪影響を与える場合が多いことから、やはり障害として定義することが妥当なのではないかと考える。法制度上も、多くの議論を経て、一九九三年の障害者基本法成立の際に、正式に三障害の一つとして精神障害が位置づけられた。

精神病患者は、長らく、差別や偏見の対象であった。特に、精神障害者に対する「キチガイ」という呼び方には、「自制を失い何をするかわからない人。悪意ある行為をしかねない人」というイメージが付きまとい、社会から見たイメージが、他の障害と大きく異なっている。このイメージは実際に、国の政策立案にも、折にふれて利用されてきた。危険で非生産的な精神病者から社会を守らなければならない、という、いわゆる社会防衛的な視点の言説によって、である。この社会防衛的な視点は、これまでの精神病の治療を行う精神医療のあり方にも大きく影響を与えてきているし、今でも、いく分か背景に退いたかに見えるが、やはり厳然と存在している。実際に社会の安全を確保するのは大切なことであり、日々安全にくらしたいとの思いは、精神疾患にかかっていても世間一般の人たちと変わることはない。しかし、その社会の安全を、精神病者を精神科病院に閉じ込める（隔離・収容する）ことで達成しようとする方向性には、非常に強い違和感を覚える。さらには、日々地域で暮らすことで、知らず知らずのうちに、社会のそうした方向性に加担してしまっている、社会の一員としての責任からも、私自身逃れることはできないと感じている。

ＫＰの活動では、さまざまな思いを抱えた人たちと出会うが、自分自身が行動する責任ある主体でありたいという思いは共通しており、それは、活動の大切な原動力だ。先述のように、ＫＰのメンバーの中には、精神障害者を家族に持つ方もおられる。当然のことながら、家族も、国の、精神病者に対する社会防衛的方向性の影響を大きく受けてきた。

現在、わが国には三〇万近い精神科の病床があり、その多くは民間経営の精神科病院のものである。国の単位でみると、病床の絶対数でも対人口比でも世界一高い数字となっている、日本の現状だが、こうなるまでにどのような流れをたどってきたのだろうか、歴史を見ていきたいと思う。

＊一九〇〇年精神病者監護法

一九〇〇年に成立した精神病者監護法には、精神病者を家族が私宅で「監置」するために必要とされた届出等の手続きが記されている。まだ精神科病院が少なく（呉秀三によると、一九一八年当時、全国で五〇〇〇床程度であったという）、精神病の重篤な症状を示した場合でも、医学的治療を受ける手段は極めて限られていた。また、精神病が偏見の対象であることは、件の法の条文にも読める通り、社会が偏見を当たり前のものとしていたのではないか。人々は、精神病にかかった者のことを、どこか恐れており、その恐れが文化の一部となっていたのかもしれない。当時の精神障害当事者たちは、どんな気持ちで日々を送っていたのだろうか…いまの私たちには、想像することしかできないかもしれない。人が人を恐れるということ、これは人間として自然なことで、恐れの感情のない人の方が珍しいくらいだろう。

しかし、彼らと対話を試みることはできなかったのか、また、家族も、悩みを話せる相手や場はなかったのか、問いが残る。私宅監置における「監置室」とは、いわば座敷牢であり、そこに自分が閉じ込められることも、そこに家族を閉じ込めることも、どれほどつらいだろうかと思う。私宅監置の制度は、先に述べた社会防衛的な役割を、家族に肩代わりさせていたのだ。呉の調査した私宅監置を行っていた家庭には、生活の苦しい家も多く、そうした場合、監置された精神病者の生活環境も劣悪なものになりうる（呉・樫田　二〇一二）。そうした実情を見、呉らはつとに心を痛めたことだろう。ではどうすればよいのか？　西洋に学び、精神医学を知った呉は、近代的な設備の精神病院での医学的治療を普及させることこそが、日本の取るべき道だと信じていたようだ。国をあげて、必要な治療を提供できる体制を整えていく…そこからの動きは、一九一九年の精神病院法成立へとつながっていく。暖房も、風呂もない監置室で、身体的な健康を保つための保清ケアもわずかで、しばしば何もせずに日々を過ごしていく…そうした被監置者にとって、手厚い看護や暖房設備、清潔なシーツ、必要な時にいつでも治療が受けられる環境や作業療法プログラム等のそろった精神病院での入院生活はどう思われるだろうか？　快適な生活環境に、最後まで否という人はきっといない。だけれど、入院は病気の治療のためにするのであるから、病院での入院生活は、病状が落ち着いた時点で終わり、地域での生活にもどっていくのが自然な流れだと思う。しかし、すでに述べたように、この国の精神科入院者数についての現況のデータを見ると、多くの人が一年以上の長期にわたって入院しており、「社会的入院」という形で問題になって久しい。再び過去に目を向け、ひきつづき、歴史の流れをたどっていこう。

＊一九一九年精神病院法

一九一九年に成立した精神病院法は、公立の精神病院を日本各地に建てて、精神医療の体制を整えるための法律としてもくろまれていたようである。国内のどの地域にいても変わらず、質の高い精神医療が受けられるようにと、いわば、公立の精神病院の増床に、国をあげて取り組む、という方向付けがなされたということであろうか。国民の健康を守ることは、国の大切な努めのひとつであり、健康の中には精神的健康も当然含まれる。欧米列強と肩を並べることを目指し、近代化を進めていた当時の日本において、精神医療の近代化もまた、重要な課題であった。当時の当事者にとっても、精神の不調について、心おきなく話せる相手が地域に少ない中、精神病院で働く精神科医や看護師は貴重な話し相手であったかもしれない。精神病院の体制が整えば、そこで精神医療の研究も進められ、治療法の改善や、さらには予防手段の発見につながり、長期的には精神病で苦しむ人を減らすことにもまたつながるだろう。公立の精神病院ならば、営利に走ることなく、患者本位の治療実践ができるはず。そんなビジョンを、一九一九年当時の関係者は持っていたのだと思う。

しかし、法の成立は見たものの、その方向性は満足のいく形で実現することはなかったようである。国の厳しい財政の中、精神保健施策は優先的に取り組む対象にはならなかった。やはり、現実的な予算の問題は大きかったのだ。国際的にも不安定な情勢の中、日本も軍国主義による植民地政策を経て、時代は第二次世界大戦へと突入し、国内は戦時体制となっていく。戦時の国家総動員体制下では、戦力にならないとみなされた精神障害者のケアに国の資源を支弁することは、問題外であったのだろう。実際に、戦時の数年間で、当時精神病院に入院していた方の多くが亡くなっていると言われている（古屋　二〇一五）。戦時下という、激動の社会状況が、弱者である精神病者に牙をむいた。不安定な、いや、非常事態ともいえる敗色濃厚な戦争のただなかでは、精神病院は入院者を守るシェルターたりえず、入院者も社会の厳しさや暴力にさらされた。あらゆる資源に事欠く中、十分な治療実践ができず悔しい思いをした医療者も多かったのではないかと想像する。戦況は次第に悪化し、日本は敗戦を迎える。沖縄での地上戦、各地への空襲、広島、長崎への原爆投下等、大変な数の犠牲者を出した戦争の破局的な敗戦により、連合国軍による占領を受けることとなった。占領政府ＧＨＱにより日本の国家体制の再構築が進む中、精神医療はどうなっていくのか。続きを見ていこうと思う。

＊戦後、一九五〇年精神衛生法の成立

戦後、国家を再建するにあたり、確固たる社会体制の構築および経済・産業の発展は、喫緊

の課題であった。精神保健についての法として、一九五〇年に精神衛生法が成立する。筆者は一九七八年生まれなので、当時のことは記録に頼るほかないが、精神病を巡る社会の気分といったものは戦後五五年経った二〇〇〇年においても、精神疾患にかかっているとカミングアウトすることに対して感じる無意識の抵抗や恐れ（これは、自分自身が精神疾患にかかったとき、いやというほど感じた）の形で、肌で感じるものであった。その抵抗や恐れが自分の周囲の社会と複雑に連動している（例えば、床屋で何気なく職業を聞かれたときに、どれだけの人が「実は今、精神疾患の治療を受けていて仕事（もしくは学校）は休んでいる」と、正直に言えるだろうか？）ことは、この社会化された偏見を、簡単に除去できないものにしている。偏見は社会化もされるし、内面化もされるのだ。戦後復興を第一に掲げた当時の国家指導者たちはおそらく、この精神疾患の問題にフタをすることで、復興の妨げになることを防ぐ意図があったのではないだろうか。解決を先延ばしにすれば、当面は問題にわずらわされずにすむかもしれない。その方向性が顕在化したのが、民間の精神病院設立を奨励する精神科大増床による精神障害者の隔離・収容政策ともとれる政府の一連の動きである。実は、精神衛生法制定の時点では、日本の精神科病床は実数でも人口対比でも欧米主要国を下回っていた（氏家　二〇二二）。それを、必要な治療を提供する施設の深刻な不足とみて、大増床に踏み切った。治療設備の充実という点では、先述の呉による精神病院法の理念が思い出されるが、一つ大きく異なる点は、戦後の大増床政策は、民間（私立）の精神病院の増設に拠っていた事実である。時を同じくして、欧米では、これまでの隔離・収容の動きを見直し、地域でのケアの充実へと舵を切りはじめていた。日本はこの時、欧米先進諸国とは逆の動きを取っていたことになる。加えて、このときの政策は、いくつか重大な問題を含んでいたことが、次第に明らかになっていく。一つはいわゆる精神科特例であり、これは通常の病院より少ない職員配置での精神科病院運営を認める制度だ。少ない職員配置、すなわち抑制された経費での病院運営が可能になることは、他科に比べて低い診療報酬の設定もまた可能にする、という点で、国にとっても医療費が抑えられるという財政上のメリットがあった。しかし、そのことは、少ない職員配置の精神科病院では、医師やスタッフの頑張りにも関わらず、人手不足でなかなか適切な治療が受けられず、十分回復することなく入院が長期化してしまう入院者がどんどん増えていくという問題を生じていた。この現実に、はたして国は、隔離・収容政策の妥当な実現を見ていたのだろうか？　精神病院には、刑務所と違って、犯罪を犯さなくても、精神病と診断されれば入れられるかもしれず、一度入るとなかなか出られない…私が一〇代のころに持っていた、精神病院のイメージだ。メンタルヘルスの課題を意識し始めた多感な年代の若者にとって、漠然とはしているが、強い怖れを伴うイメージだと思う。できることなら現実とは思いたくない…しかし、現実から目を背けても、解決にはならないのだ。そして、一九八〇年代に入り、ある精神病院の想像を絶する恐ろしい内実が暴かれる事件が起こる。宇都宮病院事件だ。

＊明るみに出たおぞましき内実　一九八四年宇都宮病院事件

日常的に行われていた患者への暴行、患者の使役、監禁、東京大学の脳研究（死亡した患者の脳を提供していたという）とのつながりなど、報徳会宇都宮病院のおぞましい内情が新聞報道により次々と明らかになった、いわゆる宇都宮病院事件が世間の話題となったのは、一九八四年三月のことであった。その深刻な人権侵害の実態は国際社会もこれを重く受け止め、国際法律家委員会（ＩＣＪ）と国際医療職専門委員会（ＩＣＨＰ）の合同調査団が来日することとなる。日本の精神医療が、国際的な批判にさらされたのだ。それに対する応答として、ジュネーブにおける国連「差別防止：少数者保護小委員会」第三八回会議で日本代表は、精神障害者の人権保護を改善すると言明し、一九八七の精神衛生法から精神保健法への改正に至る。社会防衛的な印象を与える「精神衛生」から、精神障害者本人の健康のサポートを連想させる「精神保健」へと法の名称もかわり、入院制度を見直し、任意入院を基本とする旨、法に明記された。

また、この宇都宮病院事件をきっかけに、大阪では大阪精神医療人権センターが発足し、精神障害者の人権擁護活動に取り組んでいくこととなる。（大阪精神医療人権センターは一九九〇年代に入り、大和川病院事件への対応と、その後の、府内精神科病院訪問・見学活動の確立に重要な役割を果たしている。）

宇都宮病院事件が明るみに出てから四〇年余り、今では、全国に一〇箇所前後の精神医療人権センターが活動しており、運営上はそれぞれ別組織だが、ネットワークを使った情報交換をできるだけ行い、協力関係を取っている。運営母体や成り立ち、構成メンバーの属性などは、各地の精神医療人権センターにより様々だ。

＊一九九三年障害者基本法制定の意義

先述のように、一九九三年の障害者基本法制定と、それにより精神障害が身体障害、知的障害とともに三障害の一つに法律上位置づけられたことも大きな変化だった。精神疾患を負ったことによる社会的不利を含む不自由さは障害と見なされる、と、社会的に認められたことは、社会として精神障害を受け入れていく、という方向性が示されたということだと考えられるし、また、そこから、「障害は社会の側にある」という障害の社会モデルの考えを精神障害にも当てはめて捉えなおすことで、精神病に対するスティグマを軽減することにもつながっていくのではないだろうか。リカバリー概念とともに、精神障害と精神疾患を、どうとらえるかについては、様々な意見があり、例えば、障害と疾患どちらをより重く考えるかも人により違うであろうし、精神疾患や精神障害の診断がつくことについての受け止め方についても、当事者の中で姿勢が分かれるというのが実感だ。それでも、疾患であれ障害であれ、排除するのではなく、社会全体で受け入れていく、という方向性が主流になってきているのではないだろうか。そのことは、当事者にとってだけでなく、家族や支援者、医療者にとっても、良い変化なのだと思う。

＊消えぬ虐待　二〇二三年滝山病院事件

しかし、その一方で、精神科病院における虐待の問題は絶えることはない。二〇二三年二月、報道により明らかとなった滝山病院事件は、世間を震撼させた。東京八王子の精神科病院で入院患者が受けた虐待の実態と、退院する人の多くが本人の死亡を理由とする、いわゆる「死亡退院」であったことなど、過酷な現実が次々と明らかになる。情報に触れるにつけ、自分の無力さに対する悔しさと、罪悪感のような、しかしなんとも名付けようのないような感覚で心がいっぱいになるのを感じていた。

事件について、勉強会等で当事者の視点から発信する機会も何度かあった。これほどまでに大きな暴力を前にして、自分に何ができるのか、途方に暮れそうになる。しかし、言葉にすることの無力感を乗り越え、さらに行動に結び付けなければ、この現実を変えることはできないのだろう…自分には、ＫＰで地道な活動を重ねるしかない…しかし、その地道な活動も、とにかく継続することが大切だと、自分に言い聞かせ、仲間たちとも思いを共有した。

＊岐路に立つ精神科医療

日本における精神科医療は今、岐路に立っている（氏家　二〇二二）。入院患者が減少し、空床が増え、民間の病院経営は厳しくなる一方であるという。現状を改革するべく、積極的に新たな実践に取り組んでいる医療者も多い（佐藤　二〇二四）。精神科病院もまた「社会」なのだと思う。個人的にも、精神科デイケアは、一〇代の大部分をひきこもって過ごした私にとって、貴重な社会勉強の場であった。一口に精神障害といっても、本当に色々な個性の人がいて、同じ診断名であっても、驚くほどバラエティ豊かな人たちがいる。そこで過ごしていると、病気はその人のほんの一部であるのだと思えたし、病院の外の一般の社会に出た後も、その視点は役に立つと感じ続けた。一〇年ほど前から話題になり、近年さらに盛り上がりを見せているフィンランド発のオープンダイアローグにおいては社会構成主義的視点の重要性が強調されている（斎藤　二〇一五）。また、今一つのキーワードであるピアサポートも、社会の存在を前提とする。

私も社会の一員として、変わるべきところは変わり続けなければ、と、感じている。

「変わるべきは社会の側」まさにそうなのだ。社会を外的存在と捉え、そこに外部から働きかけて変えていこうと考えると、変化を起こすことは難しいと感じるかもしれないが、きっと、だれもそんな特権的な位置にいるはずはない。だれもが社会の内部に居て、すべての社会の変化はまず自分自身が変わることから展開していく。ゆっくりだが、社会は変わる。ひとりひとりの変化は小さくても、社会全体の総量として、大きな、雪崩打つような変化を可能にする。ひとりの変化や行動は、一対一の、一期一会のつながりから伝染していく。「社会の変化」はすべて後付けの認識であり、その渦中にあっては「今、ここ」しかない。「今、ここ」は常に変化し続ける。

（二〇二四年三月二十七日）

〔参考文献〕
Roy Richard Grinker, 2021, “Nobody’s Normal: How Culture Created the Stigma of Mental Illness”, W W Norton & Co Inc（ロイ・リチャード・グリンカー『誰も正常ではない』高橋洋（訳）二〇二二年、みすず書房）

石原孝二・信原幸弘・糸川昌成〈編〉『シリーズ精神医学の哲学一　精神医学の科学と哲学』二〇一六年、東京大学出版会
石原孝二・河野哲也・向谷地生良〈編〉『シリーズ精神医学の哲学三　精神医学と当事者』二〇一六年、東京大学出版会
氏家憲章『精神医療は変わるし変えられる　その道筋と改革の展望』二〇二二年、麦の郷出版
岡田康雄『日本精神科医療史』二〇〇二年、医学書院
呉秀三・樫田五郎『〔現代語訳〕呉秀三・樫田五郎「精神病者私宅監置の実況」』二〇一二年、医学書院
佐藤光展『心の病気はどう治す？』二〇二四年、講談社
鈴木晃仁・北中淳子〈編〉『シリーズ精神医学の哲学二　精神医学の歴史と人類学』二〇一六年、東京大学出版会
精神保健福祉研究会〈監修〉『精神保健福祉法詳解〈四訂〉』二〇一六年、中央法規出版
滝山病院第三者委員会『調査報告書【公表版】』二〇二三年
日本精神保健福祉士協会・日本精神保健福祉学会〈監修〉『精神保健福祉用語辞典』二〇〇四年、中央法規出版
長谷川利夫『精神科医療の隔離・身体拘束』二〇一三年、日本評論社
古屋龍太『精神科病院脱施設化論：長期在院患者の歴史と現況、地域移行支援の理念と課題』二〇一五年、批評社

あとがきとしての提言

カントは、「人間は手段であると同時に目的である」と道徳律を説いた。だがこうしたカントの「理性」に対し、知的障害者の存在そのものを否定していることになるという批判もある。しかしそれは時代的、歴史的なカント哲学の限界とみることは許されないであろうか。私は今それを社会哲学の観点から、理性的人間ではなく「理性的社会」と言い換えてもよいのではなかろうかと考える。「人間は目的」「障害者は目的」、社会において。

人間（労働者）を手段化する資本主義的生産様式における労働力商品化を批判し、アウフヘーベンすること。それによって、「人間は目的」「障害者は目的」となり、アソシエーション、コモン社会の実現となる。それが本論考の主な主旨である。

経済学者ウォーラーステインは著書の中で「資本主義は行き詰まりを見せているが、しかし、それに代わる新しいシステムがない」と書いている。私もそれには同感である。これまでの既存の社会主義は二〇世紀を持って、終わったと言える。

他方、アンデルセンは著書「福祉資本主義の三つの世界」のなかで、北欧、西洋、アングロサクソン系の三つの事例を挙げて、福祉国家社会を分析している。確かにスウェーデンなど北欧の国々にはあえて反対はしないが、しかし、それらは偽装理念に向かってのプロセス（過程）であって、目的ではない。繰り返しになるが、私の思想理念とするところはアソシエーション・コモン社会への展望である。

二〇二四年五月　堀　利和

〔著者略歴〕

堀　利和（ほりとしかず）

一九五〇年静岡県生まれ。小学四年生の時、静岡県立静岡盲学校小学部に転校。同中学部卒。東京教育大学（現筑波大）付属盲学校高等部入学。明治学院大学卒。日本社会事業学校専修科終了。七四年に民間保育園の保父（おそらく全国初）三か月。

都立城南養護学校スクールバス添乗員　二年。

大田区中途視覚障害者点字講習会（週一回）講師　一〇年。

活動歴は、視覚障害者労働問題協議会（代表）。東京ハリ・マッサージユニオン協同組合理事長。八九年から参議院議員二期（社会党、民主党）。

立教大学兼任講師。

現在、ＮＰＯ共同連顧問。『季刊福祉労働』編集長。

▼著書
詩集『相剋』（一九七四年）
『障害者と職業選択』共著、三一書房（一九七九年）
『生きざま政治のネットワーク』現代書館（一九九五年）
『共生社会論―障害者が解く「共生の遺伝子」説』現代書館（二〇一一年）

『日本初　共生・共働の社会的企業―経済の民主主義と公平な分配を求めて』共同連編、現代書館（二〇一二年）
『はじめての障害者問題―社会が変われば「障害」も変わる』現代書館
『障害者が労働力商品を止揚したいわけ―きらない　わけない　ともにはたらく』社会評論社（二〇一五年）
『アソシエーションの政治・経済学―人間学としての障害者問題と社会システム』社会評論社（二〇一六年）
『私たちの津久井やまゆり園事件　障害者とともに〈共生社会〉の明日へ』編著、社会評論社（二〇一七年）
『障害者から「共民社会」へのイマジン』社会評論社（二〇一八年）
『私たちは津久井やまゆり園事件の「何」を裁くべきか　美帆さんと智子さんと、甲Zさんを世の光に！』編著、社会評論社（二〇二〇年）
『障害社会科学の視座―障害者と健常者が共に、類としての人間存在へ』社会評論社（二〇二〇年）
『重度障害者が国会の扉をひらく！　木村英子・舩後靖彦の議会参加をめぐって』上保晃平著、堀利和監修、社会評論社（二〇二一年）

障害者たちが生きる時代を問う
アソシエーション・コモン社会への展望

2024年7月10日　初版第1刷発行

編著者：堀　利和
発行人：松田健二
発行所：株式会社 社会評論社
東京都文京区本郷2-3-10
tel.03-3814-3861　Fax.03-3818-2808
http://www.shahyo.com
装幀組版：Luna エディット .LLC
印刷製本：倉敷印刷 株式会社